외국인을 위한

한국어
문장 쓰기의
모든 것 초급 1

All about Writing Korean Sentences

초급

1

외국인을 위한

한국어 문장 쓰기의 모든 것

박미경 지음

(주)박이정

시간이 지날수록 한국어 학습자를 위한 교재들이 많이 나오고 있습니다. 외국인 학습자들이나 한국어 선생님들로서는 반가운 일이 아닐 수 없습니다. 아직도 한국어 학습 목적과 수준에 맞는 다양한 교재들이 더 필요하다고 느끼기 때문입니다. 그렇지만 각각의 요구에 맞는 교재를 다 만들 수 없기에 기본에 충실한 책이 있으면 좋겠다고 생각했습니다. 특히 쓰기 분야에서 초급 학습자들을 위한 한국어 문장의 기본을 익히는 교재가 필요하다고 생각해서 이 책을 기획하게 되었습니다.

이 책은 초급 학습자들이 말하기뿐만 아니라 쓰기에서도 기본적인 의사 표현 능력을 키울 수 있도록 구성하였습니다. 쓰기 매체가 다양해지고 사회관계망서비스(SNS)로 의사소통을 하는 경우가 많아지는 요즈음, 쓰기 능력까지 갖춘다면 한국어로 교류할 수 있는 영역도 확장될 것입니다. 또한 말하기가 강조되는 초급 단계와 달리, 중급 단계에서는 쓰기가 중요해지는데 이때 문장에 대한 기본적인 이해가 없다면 어려움을 겪을 수 있습니다. 특히 TOPIK 시험을 준비하는 학습자들은 중급에 걸맞는 글을 쓰기가 쉽지 않고 어떤 경우에는 문장의 기본마저 지키지 못한 오류 문장을 쓰기도 합니다. 따라서 이 책은 초급 쓰기의 기초를 다지고 나아가 중급 쓰기의 디딤돌 역할을 할 수 있도록 구성했기에 초급 학습자들에게 꼭 필요한 책이라고 할 수 있습니다.

초급 학습자들의 경우, 한글을 시작하는 단계에서부터 비교적 간단한 쓰기 과제를 수행하는 단계까지 수준 차이가 큰 편입니다. 이 책은 '초급1'과 '초급 2'로 나눠져 있으므로 현재 자신의 한국어 수준에 맞는 단계를 선택하면 됩니다. 또한 초급 과정을 마친 후라도 부족한 부분이 있으면 그 부분을 찾아서 연습할 수 있습니다. 이런 목적의 학습자에게는 목차에 따라 공부하기보다 오류가 많이 생기는 부분을 집중적으로 연습할 것을 권장합니다. 이 책에서는 한국어의 특수성과 문장 쓰기의 원리를 이해할 수 있도록 각 항목별로 풍부하고 다양한 연습 문제를 제시하고 있습니다. 학습자들은 연습 문제를 풀면서 자연스럽게 오류를 줄이고 문장 쓰기 수준도 높일 수 있을 것이라고 생각합니다.

이 책에 앞서 중급 쓰기 교재로 낸 《외국인을 위한 한국어 문장 쓰기의 모든 것》을 선택해 주신 외국인 학습자들과 한국어 선생님들께 깊이 감사드립니다. 부족한 부분도 많았겠지만 보내 주신 성원과 격려 덕분에 초급 쓰기 책을 집필할 수 있게 되었습니다. 앞으로 이 책을 통해 생산적 아이디어를 나눌 수 있는 장을 만들고, 또 다른 쓰기 교재 집필을 위한 힘을 얻을 수 있기를 바랍니다. 기꺼이 출판을 허락해 주신 '박이정' 출판사와 편집부터 표지 디자인까지 꼼꼼하게 작업해 주신 많은 분들께 감사드립니다. 쓰기 연습의 결과물은 그간의 힘든 과정을 잊을 만큼 짜릿하고 뿌듯한 것입니다. 부디, 이 책을 선택하는 학습자들이 그런 뿌듯함을 누릴 수 있기를 진심으로 바라며 쓰기 공부를 통해 한국어를 더 사랑하게 되기를 빌겠습니다.

지은이 박 미 경 씀

■ 이 책은 초급 학습자들이 한국어 문장을 정확하게 쓸 수 있도록 돕는 데 목적이 있습니다. 따라서 한국어 초급 학습자들이 쓰기에 필요한 기초적인 형태와 내용들을 확인하고 연습 문제를 통해 한국어 문장 쓰기 능력을 키울 수 있도록 하였습니다. 이를 위해 한국어 문장 쓰기의 특수성을 이해하고 나아가 더 풍부한 문장을 쓸 수 있는 기초를 다지도록 연습 문제를 다양하게 제시한 것이 특징이라고 할 수 있습니다.

■ 이 책은 '초급 1'과 '초급 2' 각 두 권으로 분리되어 있습니다. '초급 1'은 초급 1단계 학습자를, '초급 2'는 초급 2단계 학습자를 위한 쓰기 책입니다. 그렇지만 단계에 상관없이 각자 자신에게 필요한 부분을 찾아서 연습할 수 있고, 초급 과정을 마친 학습자들도 부족한 부분을 보충할 수 있도록 구성하였습니다.

■ 이 책의 전체적인 구성은 크게 네 부분으로 이루어져 있습니다. 먼저 1부는 문장 쓰기의 기초, 2부는 문장 종결 표현하기, 3부는 문장 연결 표현하기, 4부는 문장 유형별 쓰기 편으로 구성되어 있습니다. 각 부분별 내용은 다음과 같습니다.

Ⅰ 문장 쓰기의 기초

문장 쓰기의 기초에서는 한국어 문장에 대한 규칙을 이해하고 쓰기에 필요한 기본 기능을 익힐 수 있습니다. 서술어 종결 쓰기를 비롯해서 시간 표현하기, 부정 표현하기, 높임 표현하기, 조사 쓰기, 부사어 쓰기, 관형어 쓰기, 불규칙 서술어 쓰기의 방법들을 확인하고 연습하게 됩니다.

Ⅱ 문장 종결 표현하기

문장 종결 표현하기에서는 한국어 문장 쓰기에서 중요한 부분을 차지하고 있는 다양한 종결 표현을 익힐 수 있습니다. 제시된 종결 표현의 형태와 의미를 이해하고 연습을 통해 자신이 표현하고자 하는 종결 형태를 쓸 수 있도록 하였습니다.

Ⅲ 문장 연결 표현하기

문장 연결 표현하기에서는 주어, 서술어만 있는 기본 문장을 확장하기 위해 필요한 연결 표현들을 익힐 수 있습니다. 초급 학습자들의 경우, 먼저 문장을 어떻게 확장하고 연결하는지에 대한 이해가 필수적입니다. 따라서 문장을 확장하는 데 필요한 형태와 의미를 정확하게 이해하고 이를 바탕으로 다양한 연결 방법도 익힐 수 있도록 하였습니다.

Ⅳ 문장 유형별 쓰기

문장 유형별 쓰기에서는 한국어 문장 유형을 이해하고 이 유형에 따라 문장 쓰기 연습을 할 수 있도록 하였습니다. 기본 유형을 제시하고 있으나 다양한 예시와 연습 문제를 통해 문장 유형을 확장하는 데까지 나아갈 수 있도록 구성하였습니다.

■ 이 책의 세부 구성은 확인, 예시, 주의, 연습으로 이루어져 있습니다. 각 부분의 특성에 따라 조금씩 차이가 있기는 하지만 아래와 같이 구성되어 있습니다.

확인
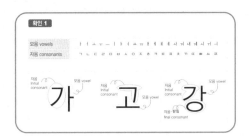

기본 형태와 의미를 정리하여 이해하기 쉽도록 제시하고 있습니다.

예시

기본 구조를 바탕으로 문장이 어떻게 확장되고 연결되는지 다양한 예시들을 보여줍니다.

주의

학습자들이 오류를 일으키기 쉬운 내용들을 간단하게 정리해서 보여줍니다.

연습
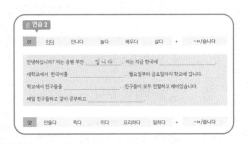

제시된 조건에 따라 쓰는 연습 문제와 자유롭게 쓸 수 있는 연습 문제를 다양한 형태로 제시하고 있습니다.

부호 안내   ○ -맞는 문장   × -틀린 문장   ?? -자연스럽지 않은 문장

차례 (초급 1)

차례 (초급 2)

I 문장 쓰기의 기초

1 A/V –ㅂ/습니다 – **격식체** formal polite style

확인 1

모음 vowels	ㅏ ㅓ ㅗ ㅜ ㅡ ㅣ ㅑ ㅕ ㅛ ㅠ ㅐ ㅔ ㅒ ㅖ ㅘ ㅝ ㅙ ㅞ ㅚ ㅟ ㅢ
자음 consonants	ㄱ ㄴ ㄷ ㄹ ㅁ ㅂ ㅅ ㅇ ㅈ ㅎ ㅋ ㅌ ㅍ ㅊ ㄲ ㄸ ㅃ ㅆ ㅉ

	받침 ○ → 습니다		받침 X → ㅂ니다
좋다	좋 / 다 → 좋습니다 받침○	나쁘다	나쁘 / 다 → 나쁩니다 받침X
먹다	먹 / 다 → 먹습니다 받침○	마시다	마시 / 다 → 마십니다 받침X

	받침 ○				**받침 X**	
1.	반갑/다	⇒	반갑습니다	예쁘/다	⇒	예쁩니다
2.	고맙/다	⇒	고맙습니다	아프/다	⇒	아픕니다
3.	맛있/다	⇒	맛있습니다	비싸/다	⇒	비쌉니다
4.	작/다	⇒	작습니다	만나/다	⇒	만납니다
5.	많/다	⇒	많습니다	배우/다	⇒	배웁니다
6.	읽/다	⇒	읽습니다	좋아하/다	⇒	좋아합니다

- '**ㄹ**' 탈락

'ㄹ'X ← ㄴ,ㅂ,ㅅ

| 살/다 | 살습니다
 받침O | → | 살습니다
 탈락 | → | 사습니다
 받침X | → | 사 + ㅂ니다
 받침X | 삽니다 |

		X		○
1.	만들/다	⇒	만들습니다	⇒	만듭니다
2.	힘들/다	⇒	힘들습니다	⇒	힘듭니다
3.	살/다	⇒	살습니다	⇒	삽니다
4.	알/다	⇒	알습니다	⇒	압니다
5.	울/다	⇒	울습니다	⇒	웁니다
6.	팔/다	⇒	팔습니다	⇒	팝니다
7.	놀/다	⇒	놀습니다	⇒	놉니다
8.	길/다	⇒	길습니다	⇒	깁니다
9.	멀/다	⇒	멀습니다	⇒	멉니다

확인 3 - N이다, N이/가 아니다

N이다	이/다 → 입니다	예 학생이다 → 학생입니다. 예 친구이다 → 친구입니다.
N이/가 아니다	아니/다 → 아닙니다	예 학생이 아니다 → 학생이 아닙니다. 예 친구가 아니다 → 친구가 아닙니다.

2 A/V –아요/어요/여요 – 비격식체 Informal polite style

확인 1

-아요	많 / 다 + 아요	⇒		⇒	많아요
ㅏ, ㅗ	오/다 + 아요	⇒	오아요	⇒	와요
	만나/요 + 아요	⇒	만나아요	⇒	만나요

-어요	먹 / 다 + 어요	⇒			먹어요
ㅓ, ㅜ, ㅡ, ㅣ ㅕ, ㅐ, ㅟ...	배우/다 + 어요		배우어요		배워요
	마시/다 + 어요		마시어요		마셔요
	보내/다 + 어요		보내어요		보내요

-여요	일하 / 다 + 여요	⇒	일하여요	⇒	일해요
-하	공부하/다 + 여요	⇒	공부하여요	⇒	공부해요
	숙제하/다 + 여요	⇒	숙제하여요	⇒	숙제해요

	-아요			-어요			-여요	
1.	받/다	⇒ 받아요	읽/다	⇒ 읽어요		좋아하/다	⇒	좋아해요
2.	좋/다	⇒ 좋아요	다니/다	⇒ 다녀요		싫어하/다	⇒	싫어해요
3.	앉/다	⇒ 앉아요	바꾸/다	⇒ 바꿔요		사랑하/다	⇒	사랑해요
4.	보/다	⇒ 봐요	쉬/다	⇒ 쉬어요		잘하/다	⇒	잘해요
5.	놀/다	⇒ 놀아요	지내/다	⇒ 지내요		못하/다	⇒	못해요
6.	타/다	⇒ 타요	열/다	⇒ 열어요		따뜻하/다	⇒	따뜻해요

확인 2 '出' 불규칙

	'出' + 어요/아요		'出' ➡ 우 / 오		
춥/다	춥 어 요 出→우	⇒	추 우 + 어 요	⇒	추워요
☆ 돕/다	돕 아 요 出→오	⇒	도 오 + 아 요	⇒	도와요

1.	덥/다	⇒	더워요	가볍/다	⇒	가벼워요	고맙/다 ⇒ 고마워요
2.	맵/다	⇒	매워요	무겁/다	⇒	무거워요	반갑/다 ⇒ 반가워요
3.	쉽/다	⇒	쉬워요	어렵/다	⇒	어려워요	귀엽/다 ⇒ 귀여워요

!
- 입/다 ➡ 이워요 X   입어요 ○
- 잡/다 ➡ 자워요 X   잡아요 ○

확인 3 'ㄷ' 불규칙

	'ㄷ' + 아 / 어요		받침 'ㄷ' ➡ 'ㄹ'		
듣/다	듣 어 요 ㄷ→ㄹ	⇒	들 어 요	⇒	들어요

1.	걷/다	⇒	걸어요	묻/다	⇒	물어요

!
- 받/다 ➡ 발아요 X   받아요 ○
- 닫/다 ➡ 달아요 X   닫아요 ○
- 믿/다 ➡ 밀어요 X   믿어요 ○

확인 4 ‘ㅡ’ 탈락

	‘ㅡ’ + 어요/아요		‘ㅡ’ → X	
쓰/다	쓰 어 요 탈락	⇒	ㅆ 어요	⇒ 써요
아프/다	아 프 아 요 탈락	⇒	아 ㅍ 아요	⇒ 아파요

1.	크/다	⇒	커요	예쁘/다	⇒	예뻐요	바쁘/다	⇒ 바빠요
2.	쓰/다	⇒	써요	기쁘/다	⇒	기뻐요	나쁘/다	⇒ 나빠요
3.	끄/다	⇒	꺼요	슬프/다	⇒	슬퍼요	배고프/다	⇒ 배고파요

※ ‘르’ 불규칙 (‘르’ irregular)

!
- 빠르/다 → 빠라요(X) 빨라요(O)
- 다르/다 → 다라요(X) 달라요(O)
- 모르/다 → 모라요(X) 몰라요(O)
- 고르/다 → 고라요(X) 골라요(O)

확인 5 N이다, N이/가 아니다

N이다	이/다 + 어요 에요	⇒	이어요 이에요	⇒	N(받침 O)이에요 N(받침 X)예요	책이에요 우유예요
N이/가 아니다	아니/다 + 어요 에요	⇒	아니어요 아니에요	⇒	아니에요 ○ (아니예요 X)	책이 아니에요

※ ‘-에요’를 많이 씁니다

1.	시계이/다	⇒	시계예요	연필이/다	⇒	연필이에요	
2.	가수이/다	⇒	가수예요	학생이/다	⇒	학생이에요	
3.	모자이/다	⇒	모자예요	우산이/다	⇒	우산이에요	
4.	우유가 아니/다	⇒	우유가 아니에요	책이 아니/다	⇒	책이 아니에요	

	기본형	-ㅂ/습니다	-아/어/여요
1.	가깝/다	가깝습니다	가까워요
2.	괜찮/다		
3.	앉/다		
4.	없/다		
5.	친하/다		
6.	무겁/다		
7.	달/다		
8.	싫어하/다		
9.	쓰/다		
10.	쉬/다		
11.	크/다		
12.	죄송하/다		
13.	구경하/다		
14.	아니/다		
15.	조용하/다		
16.	흐리/다		
17.	심심하/다		
18.	듣/다		
19.	똑똑하/다		
20.	만들/다		

1 현재 시제 (present tense)

확인

	동사	받침	ㅂ/습니다	모음	-아/어/여요
1.	보/다	X	봅니다	ㅗ	봐요
2.	만나/다	X	만납니다	ㅏ	만나요
3.	앉/다	O	앉습니다	ㅏ	앉아요
4.	받/다	O	받습니다	ㅏ	받아요
5.	배우/다	X	배웁니다	ㅜ	배워요
6.	가르치/다	X	가르칩니다	ㅣ	가르쳐요
7.	먹/다	O	먹습니다	ㅓ	먹어요
8.	읽/다	O	읽습니다	ㅣ	읽어요
9.	일하/다	X	일합니다	하	일해요
10.	말하/다	X	말합니다	하	말해요

불규칙		불규칙 동사				
불규칙	'ㄷ'	듣/다	O	듣습니다	―	들어요
		걷/다	O	걷습니다	ㅓ	걸어요
		묻/다	O	묻습니다	ㅜ	물어요
	'ㅂ'	돕/다	O	돕습니다	ㅗ	도와요
탈락	'ㅡ'	쓰/다	X	씁니다	―	써요
		끄/다	X	끕니다	―	꺼요
	'ㄹ'	살/다	O	삽니다	ㅏ	살아요
		만들/다	O	만듭니다	―	만들어요

	N이다, N이/가 아니다	받침		
1.	N이다	받침O	(학생)입니다	(학생)이에요
	N이다	받침X	(친구)입니다	(친구)예요
2.	N이/가 아니다		아닙니다	아니에요

	기본형	-ㅂ/습니다	-아/이/여요
1.	사/다	삽니다	사요
2.	찍/다		
3.	찾/다		
4.	놀/다		
5.	오/다		
6.	입/다		
7.	바꾸/다		
8.	울/다		
9.	잘하/다		
10.	열/다		
11.	기다리/다		
12.	도와주/다		
13.	알/다		
14.	사귀/다		
15.	요리하/다		
16.	묻/다		
17.	그리/다		
18.	다니/다		
19.	웃/다		
20.	갈아타/다		

✎ 연습 2

| 01 | <u>이다</u> | 만나다 | 놀다 | 배우다 | 살다 | + | -ㅂ/습니다 |

안녕하십니까? 저는 응웬 뚜안 <u>입니다</u> . 저는 지금 한국에 _____ .

대학교에서 한국어를 _____ . 월요일부터 금요일까지 학교에 갑니다.

학교에서 친구들을 _____ . 친구들이 모두 친절하고 재미있습니다.

매일 친구들하고 같이 공부하고 _____ .

| 02 | 만들다 | 찍다 | 이다 | 요리하다 | 일하다 | + | -ㅂ/습니다 |

우리 가족은 네 명 _____ . 아버지는 요리사입니다. 그래서 매일

식당에서 _____ . 어머니는 회사원입니다. 회사에서 _____ .

누나는 디자이너입니다. 예쁜 옷을 _____ .

그리고 저는 사진 기자입니다. 그래서 항상 사진을 많이 _____ .

우리 가족은 바빠서 자주 만나지 못하지만 주말에 전화하고 이야기합니다.

| 03 | 수영하다 | 타다 | 그리다 | 아르바이트하다 | 치다 | + | -ㅂ/습니다 |

요즘은 날씨가 아주 좋습니다. 저는 날씨가 좋으면 공원에서 자전거를 _____ .

자전거를 타면 기분이 좋습니다. 그런데 제 친구 민호 씨는 집에서 그림을 _____ .

준수 씨는 친구들과 테니스를 _____ .

지영 씨는 수영장에 가서 _____ . 나리 씨는 수업이 끝나고

피자 가게에서 _____ . 그래서 나리 씨는 항상 바쁩니다.

01   <u>이다</u>   다니다   일하다   아니다   듣다   가르치다   +   -아/어/여요

저는 선생님 <u>이에요</u> . 한국 대학교에서 영어를 _____ .

제 친구는 선생님이 _____ . 한국에서 회사에 _____ .

회사에서 아주 열심히 _____ . 그래서 조금 피곤해요. 우리는 가끔 만나요.

그 친구를 만나면 한국 노래를 _____ . 우리는 한국 가수를 좋아해요.

02   일어나다   싫어하다   좋아하다   마시다   살다   먹다   +   -아/어/여요

저는 친구하고 같이 _____ . 우리는 매일 아침 7시에 _____ .

저는 커피를 _____ . 그래서 커피를 _____ . 그리고

빵을 _____ . 하지만 제 친구는 빵과 커피를 _____ .

우유를 조금 마시고 학교에 가요.

03   쓰다   만들다   읽다   보다   쉬다   +   -아/어/여요

저는 주말에 보통 집에서 _____ . 오전에는 책을 _____ .

책이 재미있어요. 점심에는 한국 음식을 _____ . 오후에는 보고 싶은 사람에게

이메일을 _____ . 그리고 저녁에는 친구들을 만나서 영화를 _____ .

저는 주말이 좋아요.

2 과거 시제 (past tense)

	동사			-았/었/였습니다	-았/었/였어요
1.	가/다	ㅏ	갔다	갔습니다	갔어요
2.	오/다	ㅗ	왔다	왔습니다	왔어요
3.	만나/다	ㅏ	만났다	만났습니다	만났어요
4.	먹/다	ㅓ	먹었다	먹었습니다	먹었어요
5.	배우/다	ㅜ	배웠다	배웠습니다	배웠어요
6.	열/다	ㅕ	열었다	열었습니다	열었어요
7.	읽/다	ㅣ	읽었다	읽었습니다	읽었어요
8.	쉬/다	ㅟ	쉬었다	쉬었습니다	쉬었어요
9.	공부하/다	하	공부했다	공부했습니다	공부했어요
10.	숙제하/다	하	숙제했다	숙제했습니다	숙제했어요

		불규칙 동사			-았/었/였습니다	-았/었/였어요
불 규 칙	'ㄷ'	듣/다	—	들었다	들었습니다	들었어요
		걷/다	ㅓ	걸었다	걸었습니다	걸었어요
		묻/다	ㅜ	물었다	물었습니다	물었어요
	'ㅂ'	돕/다	ㅗ	도왔다	도왔습니다	도왔어요
탈 락	'ㅡ'	쓰/다	—	썼다	썼습니다	썼어요
		끄/다	—	껐다	껐습니다	껐어요
	'ㄹ'	살/다	ㅏ	살았다	살았습니다	살았어요
		만들/다	—	만들었다	만들었습니다	만들었어요

	N이다, N이/가 아니다			-았/었/였습니다	-았/었/였어요
1.	N이다	받침 O	이었다	(학생)이었습니다	(학생)이었어요
	N이다	받침 X	였다	(친구)였습니다	(친구)였어요
2.	N이/가 아니다		아니었다	아니었습니다	아니었어요

	형용사			-았/었/였습니다	-았/었/였어요
1.	많/다	ㅏ	많았다	많았습니다	많았어요
2.	좋/다	ㅗ	좋았다	좋았습니다	좋았어요
3.	괜찮/다	ㅏ	괜찮았다	괜찮았습니다	괜찮았어요
4.	높/다	ㅗ	높았다	높았습니다	높았어요
5.	늦/다	ㅡ	늦었다	늦었습니다	늦었어요
6.	넓/다	ㅓ	넓었다	넓었습니다	넓었어요
7.	맛있/다	ㅣ	맛있었다	맛있었습니다	맛있었어요
8.	흐리/다	ㅣ	흐렸다	흐렸습니다	흐렸어요
9.	피곤하/다	하	피곤했다	피곤했습니다	피곤했어요
10.	심심하/다	하	심심했다	심심했습니다	심심했어요

		불규칙 형용사		-았/었/였습니다	-았/었/였어요
불규칙	'ㅂ'	춥/다	ㅂ→우	추웠습니다	추웠어요
		맵/다	ㅂ→우	매웠습니다	매웠어요
		어렵/다	ㅂ→우	어려웠습니다	어려웠어요
		즐겁/다	ㅂ→우	즐거웠습니다	즐거웠어요
		아름답/다	ㅂ→우	아름다웠습니다	아름다웠어요
		반갑/다	ㅂ→우	반가웠습니다	반가웠어요
탈락	'ㅡ'	아프/다	ㅏ	아팠습니다	아팠어요
		고프/다	ㅗ	고팠습니다	고팠어요
		슬프/다	ㅡ	슬펐습니다	슬펐어요
		예쁘/다	ㅖ	예뻤습니다	예뻤어요
	'ㄹ'	달/다	ㅏ	달았습니다	달았어요
		길/다	ㅣ	길었습니다	길었어요
		힘들/다	ㅡ	힘들었습니다	힘들었어요

	있다 / 없다	-었습니다	-었어요
1.	N이/가 있다	(수업이) 있었습니다	(수업이) 있었어요
	N이/가 없다	(수업이) 없었습니다	(수업이) 없었어요

	기본형 (동사)	-았/었/였습니다	-았/었/였어요
1.	주/다	줬[주었]/다	줬[주었]습니다	줬[주었]어요
2.	보/다			
3.	피우/다			
4.	만들/다			
5.	끄/다			
6.	좋아하/다			
7.	사랑하/다			
8.	걷/다			
9.	돕/다			
10.	입/다			
11.	닫/다			
12.	웃/다			
13.	기다리/다			
14.	자/다			
15.	팔/다			
16.	빌리/다			
17.	보내/다			
18.	가르치/다			
19.	춤추/다			
20.	사귀/다			

	기본형 (형용사)		−았/었/였습니다	−았/었/였어요
1.	싫/다	싫었/다	싫었습니다	싫었어요
2.	덥/다			
3.	크/다			
4.	무겁/다			
5.	짧/다			
6.	슬프/다			
7.	멀/다			
8.	쉽/다			
9.	나쁘/다			
10.	고맙/다			
11.	따뜻하/다			
12.	무섭/다			
13.	깨끗하/다			
14.	재미있/다			
15.	배고프/다			
16.	귀엽/다			
17.	편하/다			
18.	작/다			
19.	피곤하/다			
20.	힘들/다			

연습 3

보기	보다	수영하다	읽다	듣다	주다	하다	쉬다	타다
	먹다	일어나다	마시다	사다	쓰다	오다	가다	기다리다

		-았/었/였습니다	-았/었/였어요
1.	저는 어제 친구와 영화를	봤습니다.	봤어요.
2.	저는 오늘 아침에 일찍		
3.	주영 씨는 어제 아파서 병원에		
4.	나연 씨는 어제 시험 공부를		
5.	친구가 없어서 혼자 점심을		
6.	제 친구 후엔 씨는 베트남에서		
7.	저는 지난주에 바다에서		
8.	어제 남자 친구가 저에게 꽃을		
9.	오늘 아침에 좋은 뉴스를		
10.	어제 친구에게 편지를		
11.	주말에 공원에서 자전거를		
12.	어제 오후에 도서관에서 책을		
13.	어제 백화점에서 선물을		
14.	주말에 피곤해서 집에서		
15.	어제 커피숍에서 커피를		
16.	저는 친구와 버스정류장에서 버스를		

✎ 연습 4

① 저는 매일 7시에 일어납니다. 그런데 어제는 <u>8시에 일어났습니다</u>.

② 저는 매일 커피를 마십니다. 그런데 어제는 _____.

③ 저는 매일 12시에 잡니다. 그런데 어제는 _____.

④ 저는 매일 버스를 탑니다. 그런데 어제는 _____.

⑤ 아침에는 커피가 _____. 그런데 지금은 맛없습니다.

⑥ 저는 매일 공원에서 운동합니다. 그런데 어제는 _____.

⑦ 어제는 날씨가 _____. 하지만 오늘은 따뜻합니다.

⑧ 지난주에는 과일이 _____. 그런데 이번 주에는 쌉니다.

⑨ 어제는 _____. 오늘은 1월 1일입니다.

⑩ 전에는 _____. 지금은 비빔밥을 좋아합니다.

⑪ 저는 지금 20살입니다. 작년에는 _____.

⑫ 작년에는 이 옷이 _____. 그런데 올해는 따뜻하지 않습니다.

⑬ 어제는 시장에서 _____. 오늘은 바나나를 삽니다.

⑭ 그 친구는 작년에 _____. 그런데 지금은 서울에 삽니다.

⑮ 처음에는 그 일이 너무 _____. 하지만 지금은 힘들지 않고 재미있습니다.

⑯ 어제는 _____. 그런데 오늘은 숙제가 없습니다.

⑰ 오전에는 지하철이 _____. 그런데 지금은 사람이 많지 않습니다.

⑱ 식당에 아이들이 있어서 _____. 지금은 아이들이 없어서 조용합니다.

⑲ 전에는 고양이가 _____. 그런데 요즘은 무섭지 않습니다.

⑳ 어제 저녁에는 팔이 너무 _____. 지금은 약을 먹어서 아프지 않습니다.

✎ 연습 5

01	지난 주말에 여행을 했습니다. 어디에서 무엇을 했습니까?
가다 타다 보다 먹다 구경하다 : :	저는 지난 주말에 친구와 부산에 갔습니다.

02	지난주에 학교에 갔습니다. 무엇을 했습니까?
가다 배우다 만나다 읽다 듣다 : :	

03	어제 파티를 했습니다. 무엇을 했습니까?
오다 먹다 이야기하다 마시다 노래하다 : :	

③ 미래 시제 (future tense)

확인

	동사	받침	-(으)ㄹ 겁니다	-(으)ㄹ 거예요
1.	가/다	X	갈 겁니다	갈 거예요
2.	오/다	X	올 겁니다	올 거예요
3.	만나/다	X	만날 겁니다	만날 거예요
4.	쉬/다	X	쉴 겁니다	쉴 거예요
5.	배우/다	X	배울 겁니다	배울 거예요
6.	읽/다	○	읽을 겁니다	읽을 거예요
7.	먹/다	○	먹을 겁니다	먹을 거예요
8.	찍/다	○	찍을 겁니다	찍을 거예요
9.	찾/다	○	찾을 겁니다	찾을 거예요
10.	입/다	○	입을 겁니다	입을 거예요

		불규칙 동사		-(으)ㄹ 겁니다	-(으)ㄹ 거예요
불규칙	'ㄷ'	듣/다	'ㄷ'	들을 겁니다	들을 거예요
		걷/다	'ㄷ'	걸을 겁니다	걸을 거예요
		묻/다	'ㄷ'	물을 겁니다	물을 거예요
	'ㅂ'	돕/다	'ㅂ'	도울 겁니다	도울 거예요
탈락	'ㅡ'	쓰/다	X	쓸 겁니다	쓸 거예요
		끄/다	X	끌 겁니다	끌 거예요
	'ㄹ'	살/다	'ㄹ'	살 겁니다	살 거예요
		만들/다	'ㄹ'	만들 겁니다	만들 거예요

	N이다 / 아니다	-일/아닐 겁니다	-일/아닐 거예요
	N이다	학생일 겁니다	학생일 거예요
	N이/가 아니다	학생이 아닐 겁니다	학생이 아닐 거예요
추측	A	-(으)ㄹ 겁니다	(으)ㄹ 거예요
	좋다	좋을 겁니다	좋을 거예요

	기본형		-(으)ㄹ 겁니다	-(으)ㄹ 거예요
1.	가/다	갈 것이다	갈 겁니다	갈 거예요
2.	씻/다			
3.	사귀/다			
4.	쓰/다			
5.	지내/다			
6.	그리/다			
7.	보내/다			
8.	운전하/다			
9.	자/다			
10.	닫/다			
11.	사/다			
12.	보/다			
13.	다니/다			
14.	팔/다			
15.	듣/다			
16.	전화하/다			
17.	놀/다			
18.	타/다			
19.	샤워하/다			
20.	걷/다			

✎ **연습 2**

보기	자다	운동하다	가다	쉬지 않다
	사다	주다	오다	공부하다

① 너무 피곤해요. 그래서 오늘 밤에는 일찍 _____ 잘 겁니다 / 잘 거예요_____ .

② 시험이 있어요. 그래서 열심히 _____ .

③ 내일은 친구 생일이에요. 그래서 꽃을 _____ .

④ 오늘은 비가 왔어요. 하지만 내일은 비가 안 _____ .

⑤ 오늘은 일이 많아요. 그래서 _____ .

⑥ 오늘은 운동을 안 했어요. 하지만 내일은 _____ .

⑦ 목이 많이 아파요. 내일 병원에 _____ .

⑧ 우유가 없어요. 내일 우유를 _____ .

보기	먹다	보다	다니다	배우다
	만들다	만나다	듣다	청소하다

⑨ 오늘은 불고기를 먹었어요. 하지만 내일은 비빔밥을 _____ 먹을 겁니다 / 먹을 거예요_____ .

⑩ 오늘 파티를 해요. 그래서 음식을 많이 _____ .

⑪ 방이 더러워요. 그래서 주말에 _____ .

⑫ 저는 맛있는 음식을 만들고 싶어요. 그래서 요리를 _____ .

⑬ 저는 방학에 시간이 많아요. 고향에 가서 친구를 _____ .

⑭ 그 드라마가 너무 재미있어요. 그래서 저녁에 드라마를 _____ .

⑮ 저는 한국 음악이 좋아요. 그래서 한국 음악을 _____ .

⑯ 저는 한국에 가서 한국 회사에 _____ .

| 01 | 내일은 어머니(아버지) 생일입니다. 무엇을 할 겁니까? | (-(으)ㄹ 겁니다) |

백화점에 가서 선물을 살 겁니다. 그리고

| 02 | 새 친구를 사귀었습니다. 무엇을 할 겁니까? | (-(으)ㄹ 겁니다) |

| 03 | 주말에 약속이 없어요. 무엇을 할 거예요? | (-(으)ㄹ 거예요) |

| 04 | 돈이 많아요. 무엇을 할 거예요? | (-(으)ㄹ 거예요) |

01 　　　　　　　　　　　　매일 무엇을 합니까?

저는 매일 아침 운동을 합니다. 그리고

02 　　　　　　　　　　　　어제 무엇을 했습니까?

저는 어제

03 　　　　　　　　　　　　내년 여름에 무엇을 할 거예요?

저는 내년 여름에

3 부정 표현하기

01			-지 않다	안
	A	바쁘/다	바쁘지 않다	안 바쁘다
	V	먹/다	먹지 않다	안 먹다

V (N+하다)	공부하/다	공부하지 않다	공부를 안 하다
			※ 안 공부를 하다(X)

숙제(를) 하다,	게임(을) 하다,	여행(을) 하다,	수영(을) 하다,	운동(을) 하다,
일(을) 하다	선물(을) 하다,	산책(을) 하다,	말(을) 하다,	전화(를) 하다,
청소(를) 하다,	쇼핑(을) 하다	데이트(를) 하다,	이야기(를) 하다,	운전(을) 하다,
등산(을) 하다,	빨래(를) 하다	인사(를) 하다,	요리(를) 하다,	연락(을) 하다
초대(를) 하다,	예약(을) 하다,	아르바이트(를) 하다		

! ■ 아름답다 ↔ 아름답지 않다 ○   안 아름답다 X

02			-지 못하다	못
	A	바쁘/다	X	X
	V	먹/다	먹지 못하다	못 먹다

V (N+하다)	공부하/다	공부하지 못하다	공부를 못 하다
			※ 못 공부를 하다(X)

	일요일 SUNDAY		
자지 않다	학교에 가지 않다	자지 못 하다	학교에 가지 못 하다
= 안 자다	= 학교에 안 가다	= 못 자다	= 학교에 못 가다

! ■ 알다 ↔ 모르다, 알지 못하다 ○   알지 않다, 안 알다, 못 알다 X

		없다	
03	A (N+있다)	재미있/다	재미없다	재미있지 않아요 ?? 안 재미있어요 ??
	있다	있/다	없다	있지 않아요 × 안 있어요 ×

		N이/가 아니다	
04	N이다	학생이/다	학생이 아니다	~ 아니에요 ○
		친구이/다	친구가 아니다	~ 아니예요 ×

		-지 마세요	
05	V -(으)세요	보/세요	보지 마세요	봐지 마세요 ×
		읽/으세요	읽지 마세요	읽어지 마세요 ×

		-지 맙시다	
06	V -(으)ㅂ시다	갑시다	가지 맙시다	가지 않읍시다 ×
		읽/읍시다	읽지 맙시다	안 읽읍시다 ×

확인 2

		-지 않다		-지 못하다
01	-았/었/였	바빴/다	바쁘지 않았다	바빴지 않다 ×	×
		먹었/다	먹지 않았다	먹었지 않다 ×	먹지 못했다
	-(으)ㄹ 것이다	바쁠 것이/다	바쁘지 않을 것이다	바쁠 것이지 않다 ×	×
		먹을 것이/다	먹지 않을 것이다	먹을 것이지 않다 ×	먹지 못할 것이다

		-지 않은 / 않는 + N	-지 못하는 + N
02	A-은 + N	바쁘/다	바쁘지 않은 + N	X
	V-는 + N	먹/다	먹지 않는 + N	먹지 못하는 + N

01		이것 / 바나나 X	→ 이것은 바나나가 아닙니다.
		맛있다 X	→ 딸기가 맛없습니다.
		먹다 X	→ 딸기를 먹지 않습니다 / 안 먹습니다.
02		이것 / 잡지 X	→
		재미있다 X	→
		읽다 X	→
03		오늘 / 월요일 X	→
		바쁘다 X	→
		일하다 X	→
04		여기 / 박물관 X	→
		복잡하다 X	→
		이야기하다 X	→
05		이 옷 / 바지 X	→
		싸다 X	→
		사다 X	→
06		이것 / 소파 X	→
		편하다 X	→
		여기 / 앉다 X	→
07		이 사람 / 학생 X	→
		무섭다 X	→
		영어 / 가르치다 X	→

1.	수영장이 없어서 수영을 (안 / 못) 합니다.	못
2.	내일은 비가 (안 / 못) 올 겁니다.	
3.	바지가 예쁘지만 작아서 (안 / 못) 입습니다.	
4.	저는 자전거를 (안 / 못) 타고 항상 걷습니다.	
5.	오늘은 일요일이어서 학교에 (안 / 못) 갑니다.	
6.	아침을 먹고 싶지만 늦게 일어나서 (안 / 못) 먹습니다.	
7.	산에 가야 합니다. 그런데 비가 와서 (안 / 못) 갑니다.	
8.	쇼핑하고 싶지만 돈이 없어서 쇼핑을 (안 / 못) 합니다.	
9.	저는 커피를 안 좋아해서 커피를 (안 / 못) 마십니다.	
10.	저는 샤워하고 있어서 전화를 (안 / 못) 받습니다.	

✏️ 연습 3   -지 않다 + N

1.	좋지 않은 좋다 X	날씨	9.	예쁘다 X	옷
2.	친절하다 X	사람	10.	숙제하다 X	학생
3.	읽다 X	책	11.	무겁다 X	가방
4.	쉽다 X	공부	12.	바쁘다 X	날
5.	시원하다 X	물	13.	기다리다 X	사람
6.	쓰다 X	모자	14.	달다 X	커피
7.	좋아하다 X	음식	15.	듣다 X	음악
8.	크다 X	방	16.	친하다 X	친구

◈ 연습 4

| 보기 | -지 않다 | -지 못하다 | N없다 | 없다 | + | -아/어요 | -았/었어요 | -(으)ㄹ 거예요 |

1. 어제는 춥지 않았어요 . 하지만 오늘은 추워요.

2. 오늘은 운동을 했어요. 하지만 내일은 _____.

3. 조금 전에는 기분이 _____. 하지만 지금은 좋아요.

4. 저는 태권도를 _____. 그래서 지금 배우고 있어요.

5. 처음에는 그 사람을 _____. 하지만 지금은 사랑해요.

6. 그 가게는 보통 일요일에 문을 _____. 하지만 요즘은 닫아요.

7. 지난 생일에는 선물을 _____. 하지만 이번에는 받았어요.

8. 그 영화는 재미있었어요. 하지만 이 영화는 _____.

9. 처음에는 한국 문화를 잘 _____. 하지만 지금은 조금 알아요.

10. 커피를 마시면 잠을 못 자요. 내일부터 커피를 _____.

11. 처음에는 김밥을 _____. 하지만 지금은 만들 수 있어요.

12. 여자 친구가 _____. 하지만 지금은 있어요.

13. 바빠서 부모님께 전화를 자주 _____. 하지만 요즘은 자주 해요.

14. 지금은 김치를 좋아해요. 하지만 전에는 _____.

15. 그 여자가 _____. 하지만 지금은 예뻐요.

16. 기숙사에 부엌이 없어서 _____. 하지만 지금은 요리할 수 있어요.

| 01 | 내일 시험이 있습니다. 오늘 무엇을 하지 않을 겁니까? / 안 할 겁니까? |

내일 시험이 있어서 게임을 하지 않을 겁니다. 그리고

| 02 | 돈이 없습니다. 무엇을 하지 못합니까? |

| 03 | 어제는 일요일이었습니다. 무엇을 하지 않았습니까? / 안 했습니까? |

| 04 | 요즘 너무 바쁩니다. 무엇을 하지 못합니까? |

01	이름	집	나이	이 사람	한 명	생일	아내
	성함	댁	연세	이 분	한 분	생신	부인

02	N이/가	N은/는	N에게	N을/를
	N께서	N께서는	N께	X

03	A	V	N이다	아니다	있다	먹다/마시다	자다	말하다
	-(으)시-	N(이)시다	아니시다	N에 계시다 N이/가 있으시다	드시다	주무시다	말씀하시다

> ⚠
>
> ■ A 아프다 ┌ 편찮으시다 예 할머니께서 편찮으십니다.
> └ 아프시다 예 할머니께서 허리가 아프십니다. ※(팔, 목…)이/가 아프시다
>
> A/V-(으)시 + ㅂ니다 → -(으)십니다 예 가다 - 가십니다 *살다 - 사십니다
> A/V-(으)시 + 어요 → -(으)시어요 - 으셔요 / 으세요 예 가다 - 가세요 *살다 - 사세요

대상	높임말 Honorific form ☺	☹
	이 분은 우리 할머니(이)십니다. ○	이 사람은 우리 할머니입니다.
	우리 할머니께서는 서울에 계십니다. ○	우리 할머니는 서울에 있습니다.
	우리 할머니께서는 주무십니다. ○	우리 할머니는 잡니다.
	우리 할아버지 연세는 70이십니다. ○	우리 할아버지 나이는 70입니다.
	우리는 주말에 할아버지 댁에 갑니다. ○	우리는 주말에 할아버지 집에 갑니다.
	할아버지께서는 불고기를 드십니다. ○	할아버지는 불고기를 먹습니다.
	우리 선생님께서는 한국 사람이십니다. ○	우리 선생님은 한국 사람입니다.
	선생님께서는 한국어를 가르치십니다. ○	선생님은 한국어를 가르칩니다.
	우리는 선생님께 편지를 썼습니다. ○	우리는 선생님에게 편지를 썼습니다.

	주는 사람		받는 사람	
주다		N에게 주다		민수가 여자 친구에게 선물을 줍니다.
주시다		N에게 주시다		• 어머니께서 아이에게 선물을 주십니다.
드리다		N께 드리다		아이가 어머니께 선물을 드립니다.

	도와주는 사람		받는 사람	
도와주다		N을/를 도와주다		미나 씨가 민수 씨를 도와줍니다.
도와주시다		N을/를 도와주시다		선생님께서 학생을 도와주십니다.
도와드리다		N을/를 도와드리다		아이가 어머니를 도와드립니다.

있다 / 없다	친구 / 교실 / 있다	친구가 교실에 있습니다.
계시다 / 안 계시다	선생님 / 교실 / 계시다	선생님께서 교실에 계십니다. ※ 선생님께서 교실에 있습니다. X
있으시다 / 없으시다	선생님 / 약속 / 있으시다	선생님께서는 약속이 있으십니다. ※ 선생님께서는 약속이 계십니다. X

	-(으)십니다 -(으)세요 / -ㅂ/습니다 -아/어요
1. 할아버지/책/읽다	→ 할아버지께서 책을 읽으십니다 / 읽으세요.
2. 할머니/공원/가다	→
3. 친구/점심/먹다	→
4. 어머니/차/마시다	→
5. 아버지/자다	→
6. 선생님/수영/가르치다	→
7. 학생들/한국어/배우다	→
8. 부모님/서울/살다	→
9. 어머니/의사이다	→
10. 아이/할머니 집/가다	→

	주다, 주시다, 드리다 / 도와주다, 도와주시다, 도와드리다
1. 선생님/아이/선물	→ 선생님께서 아이에게 선물을 주셨습니다.
2. 선생님/학생들	→
3. 토니 씨/여자 친구/꽃	→
4. 민수 씨/친구	→
5. 아이/할머니/사과	→
6. 학생들/선생님/편지	→
7. 아버지/저/용돈	→
8. 동생/어머니	→

✏️ 연습 3

		N이/가 있으시다 / 없으시다 / 있다 / 없다
01	아버지	① 아버지께서는 차가 있으십니다 / 있으세요.
		②
		③
		④
		⑤
02	나	① 저는
		②
		③
		④
		⑤
03	할머니	①
		②
		③
		④
		⑤

✏️ 연습 4

N에 계시다 / 안 계시다 / 있다 / 없다
① 할아버지께서 집에 안 계십니다 / 계세요.
②
③
④
⑤
⑥

■ 준비하기

확인 1

N은/는	N이/가	N을/를	N(으)로	N과/와 = N하고	N도
N에	N에서	N에게 = N한테	N에게서 = N한테서	N의	N부터 N까지	N에서 N까지

1. 저N 학생입니다. → 저는 학생입니다.

2. 이것N 책입니다. → 이것은 책입니다.

3. 김치N 맛있습니다. → 김치가 맛있습니다.

4. 영화N 재미있습니다. → 영화가 재미있습니다.

5. 저N 김치N 좋아합니다. → 저는 김치를 좋아합니다.

6. 저N 김치N 먹습니다. → 저는 김치를 먹습니다.

7. 버스N 공항N 갑니다. → 버스가 공항으로 갑니다.

8. 사과N 딸기N 있습니다. → 사과와 딸기가 있습니다.

9. 저N 친구N 이야기합니다. → 저는 친구와 이야기합니다.

10. 사과N 맛있고 딸기N 맛있습니다. → 사과도 맛있고 딸기도 맛있습니다.

11. 저N 도서관N 갑니다. → 저는 도서관에 갑니다.

12. 저N 도서관N 공부합니다. → 저는 도서관에서 공부합니다.

13. 저N 프랑스N 왔습니다. → 저는 프랑스에서 왔습니다.

14. 저N 친구N 선물N 줍니다. → 저는 친구에게 선물을 줍니다.

15. 저N 친구N 선물N 받았습니다. → 저는 친구에게서 선물을 받았습니다.

16. 이것N 친구N 책입니다. → 이것은 친구의 책입니다.

17. 아침N 저녁N 일합니다. → 아침부터 저녁까지 일합니다.

18. 서울N 부산N 기차N 탑니다. → 서울에서 부산까지 기차를 탑니다.

받침 ○	예 동생, 선생님, 가방, 도서관, 책, 선물 …
받침 X	예 친구, 어머니, 학교, 바나나, 김치, 영화 …

N	받침 ○	N은	N이	N을	N으로	N과
	받침 X	N는	N가	N를	N로	N와
		동생은 친구는	동생이 친구가	동생을 친구를	집으로 학교로	동생과 친구와

조사		조사		×	○
N이/가 N을/를	+	은/는 도	⇒	학생이는, 친구가는 학생이도, 친구가도 학생을도, 친구를도	학생은, 친구는 학생도, 친구도

조사		조사		○
N에 N에서 N에게 N(으)로 N와/과 N부터 N까지 N에서 N까지	+	은/는 도	⇒	집에는 / 집에도 학교에서는 / 학교에서도 친구에게는 / 친구에게도 교실로는 / 교실로도 ※ 'ㄹ' 받침→N로 그 친구와는 / 그 친구와도 저녁부터 밤까지는 / 저녁부터 밤까지도 집에서 학교까지는 / 집에서 학교까지도

1 N은/는 Topic Case Marker / Contrastive Focus Marker

확인

N	받침 ○	은	예 제 동생은, 이 사람은, 이것은, 우리 가족은, 지금은 …
	받침 X	는	예 저는, 제 친구는, 여기는 어머니는, 우리 학교는 …

01 소개와 설명

- 저는 ○○○입니다.
- 저는 한국 사람입니다.
- 저는 학생입니다.
- 저는 비빔밥을 좋아합니다.
- 제 친구는 서울에 삽니다.
- 이것은 제 가방입니다.

제가 ○○○입니다. ??
제가 한국 사람입니다. ??
제가 학생입니다. ??
제가 비빔밥을 좋아합니다. ??
제 친구가 서울에 삽니다. ??
이것이 제 가방입니다. ??

어느 나라 사람입니까?
↓
저는 한국 사람입니다.

누가 한국 사람입니까?
↓
제가 한국 사람입니다.

이것이 무엇입니까?
↓
이것은 한국어 책입니다.

어느 것이 한국어 책입니까?
↓
이것이 한국어 책입니다.

- 【 저는 좋아하는 】 사람은 윤아입니다.
  └→ 제가

- 불고기는 【 외국 사람들은 좋아하는 】 한국 음식입니다.
  └→ 사람들이

48

02 주제어(TOPIC) 강조

- 1층에는 식당이 있습니다. | 식당이 1층에 있습니다.
- 기숙사에는 학생들이 삽니다. | 학생들이 기숙사에 삽니다.
- 라면은 그 마트가 쌉니다. ※ 라면은 그 마트는 쌉니다. (X) | 그 마트는 라면이 쌉니다.
- 비빔밥은 좋아합니다. | 비빔밥을 좋아합니다.

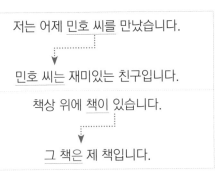

저는 어제 민호 씨를 만났습니다.
↓
민호 씨는 재미있는 친구입니다.

책상 위에 책이 있습니다.
↓
그 책은 제 책입니다.

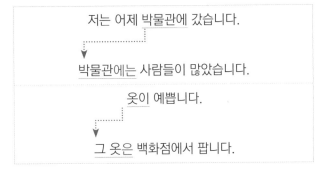

저는 어제 박물관에 갔습니다.
↓
박물관에는 사람들이 많았습니다.

옷이 예쁩니다.
↓
그 옷은 백화점에서 팝니다.

- 에 + 는 → 서울에는 외국 사람들이 많이 삽니다.
- 에서 + 는 → 교실에서는 전화를 할 수 없습니다.
- 에게 + 는 → 외국학생에게는 태권도를 가르쳐 줍니다.
- 께 + 는 → 선생님께는 따뜻한 커피를 드렸습니다.

- 에 + 가 X
- 에서 + 가 X
- 에게 + 가 X
- 께 + 가 X

03 대조

N은/는 [비싸다 있다 작다 춥다] ⬌ N은/는 [싸다 없다 크다 안 춥다]

- 딸기는 비싸지만 사과는 쌉니다. | 딸기가 비싸지만 사과가 쌉니다. ??
- 딸기는 있지만 사과는 없습니다. | 딸기가 있지만 사과가 없습니다. ??
- 얼굴은 작지만 눈은 큽니다. | 얼굴이 작지만 눈이 큽니다. ??
- 오늘은 춥지만 내일은 안 춥습니다. | 오늘이 춥지만 내일이 안 춥습니다. ??

연습 1

1 이름 – ?	2 나라 – ?	3 직업-?	4 나이-?
5 친구 집 – 서울	6 우리 가족 – ? 명	7 좋아하는 것 – 한국 음식	

1. 저는　　　　　입니다. (제 이름은　　　　　입니다.)　　　　※ 제가, 제 이름이 ??

2.

3.

4.

5.

6.

7.

연습 2

1 여기 – 기숙사	2 오늘 – 월요일	3 지금 – 9시	4 이것 – 가방
5 그 책 – 친구의 책	6 제 생일 – ?	7 우리 학교 – ?	

1. 여기는 기숙사입니다.　　　　　　　　　　※여기가 기숙사입니다 ??

2.

3.

4.

5.

6.

7.

✎ 연습 3

	주제어(topic) 강조
1. 화장실이 2층에 있습니다. →	2층에는 화장실이 있습니다.
2. 일을 집에서 하지 않습니다. →	
3. 그 식당은 불고기가 맛있습니다. →	
4. 그 서점에 한국어 책이 많습니다. →	
5. 여기에서 전화를 할 수 있습니다. →	
6. 여기에 은행이 없습니다. →	
7. 여기에서 요리를 합니다. →	
8. 다리가 안 아픕니다. →	

✎ 연습 4

1. 학교 / 가깝다 공항 / 멀다	학교는 가깝지만(가깝고) 공항은 멉니다.
2. 커피 / 따뜻하다 주스 / 시원하다	
3. 딸기 / 좋아하다 사과 / 싫어하다	
4. 키 / 작다 손과 발 / 크다	
5. 이 식당 / 맛있다 저 식당 / 맛없다	
6. 서울 / 눈이 오다 부산 / 비가 오다	
7. 김치 / 맵다 불고기 / 안 맵다	

2 N이/가 Subject Case Marker

확인

N	받침 ○	이	예 제 동생이, 이 사람이, 이것이, 우리 가족이, 지금이
	받침 X	가	예 제가 (저가 X), 친구가, 여기가 어머니가, 우리 학교가

01	**N이/가 A**	-ㅂ/습니다 -아/어요

- (오늘은) 날씨가 좋습니다.   (오늘은) 날씨는 좋습니다 ??
- (그 옷은) 색깔이 예쁩니다.   (그 옷은) 색깔은 예쁩니다 ??
- (그 식당은) 비빔밥이 맛있습니다.   (그 식당은) 비빔밥은 맛있습니다 ??
- (저는) 한국어가 재미있습니다.   (저는) 한국어는 재미있습니다 ??

02	**N이/가 V**	-ㅂ/습니다 -아/어요

- (누가 공부합니까?) 동생이 공부합니다.   ※ (동생은 뭐 합니까?) 동생은 공부합니다.
- (누가 불고기를 좋아합니까?) 친구가 불고기를 좋아합니다.
- (무엇이 끝났습니까?) 수업이 끝났습니다.
- (무엇이 옵니까?) 비가 옵니다.

03	**N이/가 있다 [없다]**	있습니다 있어요

- (오늘은) 시간이 있습니다.   (오늘은) 시간은 있습니다 ??
- 저는 우산이 없습니다.   저는 우산은 없습니다 ??
- 저는 한국 친구가 있습니다.   저는 한국 친구는 있습니다 ??

04	**N이/가 아니다**	아닙니다 아니에요

- 저는 학생이 아닙니다.   저는 학생은 아닙니다 ??
- 오늘은 토요일이 아닙니다.   오늘은 토요일은 아닙니다 ??
- 여기는 기숙사가 아닙니다.   여기는 기숙사는 아닙니다 ??

✎ 연습 1

1. 냉장고에 우유가 있습니다 / 있어요.

2.

3.

4.

5.

6.

7.

8.

9.

✎ 연습 2

1. 집에 소파가 없습니다 / 없어요.

2.

3.

4.

5.

6.

7.

8.

9.

연습 3

1. 오늘 / 토요일 X	→ 오늘은 토요일이 아닙니다 / 아니에요.
2. 저 / 한국사람 X	→
3. 여기 / 우리 교실 X	→
4. 저 / 회사원 X	→
5. 그 사람 / 제 남자친구 X	→
6. 이것 / 제 지갑 X	→
7. 지금 / 방학 X	→

연습 4

비싸다	춥다	멋있다	맛있다	예쁘다	재미있다	길다	깨끗하다	많다	좋다
달다	무겁다	귀엽다	맵다	크다	아름답다	높다	조용하다	아프다	가깝다

N이/가	A		N이/가	A
1. 자동차가	비쌉니다.		11.	답니다.
2.	춥습니다.		12.	무겁습니다.
3.	멋있습니다.		13.	귀엽습니다.
4.	맛있습니다.		14.	맵습니다.
5.	예쁩니다.		15.	큽니다.
6.	재미있습니다.		16.	아름답습니다.
7.	깁니다.		17.	높습니다.
8.	깨끗합니다.		18.	조용합니다.
9.	많습니다.		19.	아픕니다.
10.	좋습니다.		20.	가깝습니다.

1. 제 친구의 고향 ___은___ 대구입니다.

2. 저_____ 한국사람_____ 아닙니다. 베트남 사람입니다.

3. 저_____ 한국 친구_____ 한 명 있습니다.

4. 오늘_____ 제 생일_____ 아닙니다. 친구 생일입니다.

5. 교실_____ 깨끗합니다.

6. 여기_____ 학생 식당_____ 아닙니다.

7. 도서관_____ 조용합니다.

8. 김치_____ 맵습니다.

9. 지금_____ 방학_____ 아닙니다.

10. 한국어_____ 재미있습니다.

11. 저_____ 비빔밥을 좋아합니다.

12. 우리 반 친구들_____ 아주 친절합니다.

13. 저_____ 우산_____ 없습니다.

14. 그 친구_____ 좋아하는 운동_____ 농구입니다.

15. 그 친구_____ 누나_____ 부산에 있습니다.

16. 그 식당_____ 음식_____ 맛있습니다.

17. 우리집_____ 거실_____ 아주 넓습니다.

18. 공원에 꽃_____ 많습니다. 꽃_____ 아주 예쁩니다.

19. 책상 위에 컵_____ 있습니다. 그 컵_____ 나영 씨의 컵입니다.

20. 한국 사람들_____ 정_____ 많습니다.

1. 오늘 / 수업 / 없다	→ 오늘은 수업이 없습니다.
2. 서울 / 지하철 / 복잡하다	→
3. 저 / 한국 노래 / 좋다	→
4. 여기 / 도서관 / 아니다	→
5. 우리 / 시간 / 많다	→
6. 저 / 차 / 없다	→
7. 제주도 / 바다 / 아름답다	→
8. 그 아이 / 눈 / 예쁘다	→
9. 눈 / 왔다	→
10. 영화 / 끝났다	→
11. 오늘 / 휴일 / 아니다	→
12. 그 친구 / 머리 / 길다	→
13. 그 호텔 / 방 / 깨끗하다	→
14. 그 버스 / 먼저 / 도착했다	→
15. 제 룸메이트 / 전화했다	→
16. 학생들 / 모두 / 왔다	→
17. 시험 / 아주 / 어렵다	→
18. 지금 / 사과 / 비싸다	→
19. 저 / 요리 / 재미있다	→
20. 우리 집 고양이 / 울다	→

3 N에 Location / Direction / Time Case Marker

확인

01	N – 장소, 모임	에	V
	집, 한국, 학교, 의자, 파티 …		가다, 오다, 다니다, 살다, 앉다, 늦다

- 집에 갈 겁니다.
- 대학교에 다닙니다.
- 의자에 앉았습니다.

- 한국에 왔습니다.
- 서울에 삽니다.
- 파티에 늦었습니다.

02	N – 장소	에	있다, 없다	/	A
	집, 도서관, 병원, 가방 …		있다		많다
	N 앞, N 뒤, N 위, N 아래/밑, N 옆, N 안, N 밖, N과/와 N사이		없다		적다

- 집에 피아노가 있습니다.
- 병원 앞에 약국이 있습니다.

- 도서관에 책이 많습니다.
- 책상 위에 지우개가 없습니다.

03	N – 시간	에	V	/	O + V
	아침, 월요일, 12시 …	○	가다 오다, 쉬다 앉다 자다 시작하다 끝나다 …		밥을 먹다 차를 마시다 친구를 만나다 …
	이번 주, 다음 주 …				
	오늘, 어제, 내일, 지금, 매일	X			

- 아침에 학교에 갔습니다.
- 12시에 쉽니다.

- 월요일에 수업을 시작합니다.
- 다음 주에 친구를 만납니다.

!

- 오늘에 친구를 만났습니다. X
- 지금에 교실에서 공부합니다. X
- 저는 월요일에 아침 일찍에 학교에 갔습니다. X

- 저는 매일에 운동을 합니다. X
- 내일에 영화를 볼 겁니다. X
- 내일에 영화를 볼 겁니다. X

1. 서준 씨는 켈리 씨 옆에 있습니다.

2. 토니 씨는 민수 씨

3. 지연 씨는 제니 씨

4. 민정 씨는 제니 씨와 루이스 씨

5. 제니 씨는 민정 씨

6. 선생님은 교실

연습 2

1. 밤에 영화를 보고 잡니다.

2.

3.

4.

5.

6.

확인

01	N (장소)	에서		오다, 왔다

- 저는 중국에서 왔습니다.
- 친구가 프랑스에서 옵니다.

N에서 왔습니다.	N에 왔습니다.

02	N – 장소	에서	V	/	O + V
	거실, 방, 카페, 아파트, 부엌 ...		쉬다, 자다, 울다, 웃다, 운동하다, 살다, 요리하다...		밥을 먹다 차를 마시다 친구를 만나다...

- 거실에서 쉽니다.
- 방에서 잡니다.
- 카페에서 친구를 만났습니다.

거실에 쉽니다. X

방에 잡니다. X

카페에 친구를 만났습니다. X

N(집) 에서 V	N(집) 에 있다 / 없다

있다   없다

		N에서 살다 ○	예 저는 기숙사에서 삽니다.
!	▪ 살다	N에 살다 ○	예 저는 기숙사에 삽니다.

01

1. 공원에서 친구와 산책을 했습니다.

2.

3.

02

1. 공항

2.

3.

03

1. 학교

2.

3.

04

1. 집

2.

3.

05

?

1.

2.

3.

종합연습 1

1.	오후에 도서관 (에 /에서) 책을 읽을 겁니다.	에서
2.	주말에는 공원 (에 /에서) 사람들이 많습니다.	
3.	백화점 (에 /에서) 가방과 신발을 샀습니다.	
4.	아기가 방 (에 /에서) 혼자 웁니다.	
5.	제 동생은 한국 (에 /에서) 대학교 (에 /에서) 다닙니다.	
6.	지하철 (에 /에서) 커피를 마시지 않습니다.	
7.	저녁에 침대 (에 /에서) 음악을 듣고 유튜브(youtube)를 봅니다.	
8.	교실 (에 /에서) 책상과 의자와 칠판이 있습니다.	
9.	우리 어머니는 병원 (에 /에서) 일하십니다.	
10.	가방 (에 /에서) 책과 휴대폰과 지갑이 있습니다.	
11.	사무실 (에 /에서) 의자가 있어서 의자 (에 /에서) 앉았습니다.	

종합연습 2

		에 / 에서
1.	과일 / 냉장고 / 있다	→ 과일이 냉장고에 있습니다.
2.	식당 / 점심 / 먹다	→
3.	집 / 영화 / 보다	→
4.	토니 씨 / 소파 / 쉬다	→
5.	백화점 / 사람들 / 많다	→
6.	학생들 / 기숙사 / 살다	→
7.	주말 / 학교 / 안 가다	→
8.	후엔 씨 / 베트남 / 왔다	→
9.	공원 / 자전거 / 타다	→
10.	학교 / 선생님 / 만나다	→

종합연습 3

	N은/는, N이/가	N에/에서	N을/를	V
1.	저는	집에서	×	쉽니다
2.	저는	학교에서	한국어를	공부합니다.
3.				갑니다.
4.				씁니다.
5.				잡니다.
6.				탑니다.
7.				봅니다.
8.				기다립니다.
9.				일합니다.
10.				팝니다.
11.				다닙니다.
12.				마십니다.
13.				만듭니다.
14.				앉습니다.
15.				놉니다.
16.				삽니다 (사다).
17.				삽니다 (살다).
18.				받습니다.
19.				듣습니다.
20.				가르칩니다.

5 N을/를 Object Case Marker

N		
받침 ○	을	예 공책을, 김밥을, 쇼핑을, 선물을, 춤을, 선생님을, 술을...
받침 X	를	예 구두를, 김치를, 사과를, 편지를, 태권도를, 친구를, 커피를...

	S	V		S	O	V
1.	저는	좋아합니다.	→	저는	한국을	좋아합니다.
2.	저는	배웁니다.	→	저는	한국어를	배웁니다.
3.	저는	기다립니다.	→	저는	친구를	기다립니다.
4.	○○ 씨는	잘합니다.	→	○○ 씨는	수영을	잘합니다.
5.	우리 선생님은	가르칩니다.	→	우리 선생님은	한국어를	가르칩니다.
6.	그 사람은	마십니다.	→	그 사람은	커피를	마십니다.
7.	제 친구는	듣습니다.	→	제 친구는	음악을	듣습니다.
8.	제 동생은	찍습니다.	→	제 동생은	사진을	찍습니다.
9.	우리 어머니는	삽니다.	→	우리 어머니는	책을	삽니다.
10.	우리 아버지는	읽습니다	→	우리 아버지는	신문을	읽습니다

	N하다 - V	=	O + V		N하다 - V	=	O + V
1.	공부하다	=	공부를 하다	9.	수영하다	=	수영을 하다
2.	운동하다	=	운동을 하다	10.	축구하다	=	축구를 하다
3.	일하다	=	일을 하다	11.	게임하다	=	게임을 하다
4.	숙제하다	=	숙제를 하다	12.	여행하다	=	여행을 하다
5.	쇼핑하다	=	쇼핑을 하다	13.	등산하다	=	등산을 하다
6.	구경하다	=	구경을 하다	14.	소개하다	=	소개를 하다
7.	산책하다	=	산책을 하다	15.	전화하다	=	전화를 하다
8.	요리하다	=	요리를 하다	16.	이야기하다	=	이야기를 하다

!

- 좋아를 합니다 X → 좋아합니다 ○
- 한국어를 공부를 합니다 X → 한국어 공부를 합니다 ○   한국어를 공부합니다 ○
- 한국어 숙제를 씁니다 X → 한국어 숙제를 합니다 ○   ※숙제를 쓰다 X

연습 1

1.	바나나를 먹어요.	○
2.	학생을 많아요.	
3.	토요일을 쉬어요.	
4.	한국어를 공부해요.	
5.	가족을 3명 있어요.	
6.	고향을 음식을 만들어요.	
7.	돈을 없어요.	
8.	버스를 탔어요.	
9.	영화를 정말 재미있어요.	
10.	시간을 있어요.	
11.	한국어를 어려워요.	
12.	눈사람을 만들었어요.	
13.	친구를 같이 갑니다.	
14.	저는 김치를 좋아요.	
15.	저는 친구를 좋아해요.	
16.	컴퓨터를 샀어요.	
17.	커피숍을 가요.	
18.	친구를 친절해요.	
19.	노래방에서 노래를 해요.	
20.	한국을 살고 싶어요.	

연습 2

1. 술을   마셨습니다.
마시다

2.
기다리다

3.
만들다

4
만나다

5.
입다

6.
보다

7.
열다

8.
빌리다

9.
사다

10.
알다

11.
잘하다

12.
읽다

13.
팔다

14.
타다

15.
바꾸다

16.
사귀다

✎ 연습 3

주어	좋아하는 것 & 싫어하는 것				
❓ ❓	고기	과일	여행	개	?
	?	여름	운동	꽃	시험

1. 저는 고기를 좋아합니다 / 좋아해요.

2.

3.

4.

5.

6.

✎ 연습 4

1. 축구를 합니다 / 해요.

2.

3.

4.

5.

6.

7.

8.

9.

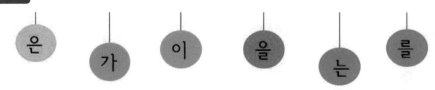

1. 옷 _이___ 예쁘지만 비싸면 그 옷 _을___ 안 살 겁니다.

2. 우리나라_____ 날씨_____ 덥습니다.

3. 저_____ 남자 친구_____ 보고 싶지만 지금_____ 만날 수 없습니다.

4. 돈_____ 있으면 우리 가족_____ 같이 여행할 겁니다.

5. 소고기_____ 맛있지만 비싸서 닭고기_____ 더 많이 먹습니다.

6. 비_____ 오면 등산_____ 안 갈 겁니다.

7. 제_____ 좋아하는 음식_____ 비빔밥입니다.

8. 친구_____ 냉면_____ 좋아하지만 저_____ 쌀국수_____ 좋아합니다.

9. 우리_____ 맛있는 점심_____ 먹고 커피_____ 마실 겁니다.

10. 일요일에_____ 회사에 가지 않아서 책_____ 읽을 수 있습니다.

11. 공원에 있는 나무와 꽃_____ 예뻐서 사진_____ 많이 찍었습니다.

12. 영화_____ 재미있어서 그 영화_____ 다시 봤습니다.

13. 한국에_____ 봄, 여름, 가을, 겨울_____ 있습니다.

14. 학생 식당에서 저녁_____ 먹고 택시_____ 타고 집에 갔습니다.

15. 가게에서 세일(sale)_____ 해서 값_____ 비싸지 않습니다.

16. 책상 위에 연필_____ 있고 지우개_____ 없습니다.

17. 저_____ 운동_____ 싫어합니다. 그래서 체육 시간_____ 싫습니다.

18. 친구_____ 우리 집에 처음 옵니다. 그래서 맛있는 음식_____ 만들 겁니다.

19. 이번 생일에 제_____ 받고 싶은 선물_____ 받아서 기분_____ 좋았습니다.

20. 요즘 학교에서 태권도_____ 배웁니다. 하지만 아직 태권도_____ 잘 못합니다.

1. 기차 / 음악 / 듣다 → 기차에서 음악을 듣습니다.

2. 집 / 드라마 / 보다 →

3. 학교 / 박물관 / 있다 →

4. 공항 / 비행기 / 기다리다 →

5. 시장 / 딸기 / 샀다 →

6. 지하철 / 신문 / 읽다 →

7. 공원 / 자전거 / 타다 →

8. 요즘 / 한국 요리 / 배우다 →

9. 언니 / 방 / 쉬다 →

10. 방학 / 여행 / 갔다 →

11. 아침 / 창문 / 열다 →

12. 식당 / 김밥 / 먹었다 →

13. 지금 / 전화 / 안 받다 →

14. 내일 / 고향 / 가다 →

15. 그 친구 / 노래 / 잘하다 →

16. 아이 / 엄마 옆 / 자다 →

17. 형 / 백화점 / 일하다 →

18. 학생들 / 운동장 / 놀다 →

19. 그 사람 / PC방 / 게임하다 →

20. 민수 씨 / 수영 / 가르치다 →

6 N에게/께 (N한테) Dative Case Marker

확인

01	N (사람, 동물)	에게/께	V
	친구, 어머니, 강아지 ...		주다 (드리다/주시다), 가다, 전화하다, 선물하다, 말하다, 쓰다, 이야기하다, 인사하다, 소개하다, 연락하다 ......

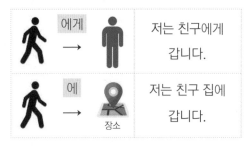

	S	V		S	N에게		V
1.	그 친구는	줍니다.	→	그 친구는	아이에게	사탕을	줍니다.
2.	저는	전화합니다.	→	저는	어머니께	X	전화합니다.
3.	저는	선물합니다.	→	저는	친구에게	케이크를	선물합니다.
4.	○○ 씨는	말합니다.	→	○○ 씨는	○○ 씨에게	이름을	말합니다.
5.	누나는	씁니다.	→	누나는	아버지께	편지를	씁니다.

> ⚠
>
> ▪ 돕다   저는 친구에게 돕습니다. X → 저는 친구를 돕습니다. ○
>
> ▪ 가르치다   저는 동생에게 가르칩니다. X → 저는 동생을 가르칩니다. ○
>
> ※저는 동생에게 수학을 가르칩니다. ○

✏️ **연습 1**

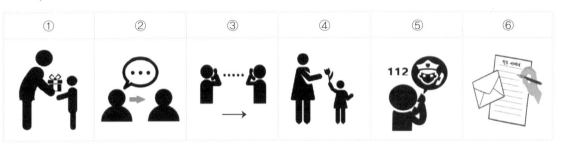

1. 선생님이(께서) 학생에게 선물을 주십니다 / 주세요.

2.

3.

4.

5.

6.

✏️ **연습 2**

1. 영수 씨는 나연 씨에게 말합니다.

2. 나연 씨는

3.

4.

5.

6.

7 N도 Also

확인

| 01 | N | 도 | A, V, 이다/아니다, 있다/없다 |

- 아기는 눈이 작습니다.
- 아기는 코도 작습니다.
- 아기는 입도 작습니다.
- 아기는 손도 작습니다.
- 아기는 발도 작습니다.

☑ 주의

코가도 X
입이도 X
손이도 X
발이도 X

좋아하는 것

- 저는 바나나를 좋아합니다.
- 저는 딸기도 좋아합니다.
- 저는 사과도 좋아합니다.
- 저는 수박도 좋아합니다.

☑ 주의

딸기를도 X
사과를도 X
수박을도 X

학생

나 동생
누나 형

- 저는 학생입니다.
- 제 동생도 학생입니다.
- 우리 누나도 학생입니다.
- 우리 형도 학생입니다.

☑ 주의

동생은도 X
누나는도 X
형은도 X

- N에도 : 친구 집에도 우리 집에도 고양이가 있습니다.
- N에서도 : 집에서도 PC방에서도 게임을 합니다.
- N에게도 : 친한 친구에게도 비밀을 말할 수 없습니다.
- N께도 : 부모님께도 선생님께도 선물을 드렸습니다.
- N과/와도 : 친구와도 선생님과도 사진을 찍었습니다.
- N께서도 : 할머니께서도 할아버지께서도 건강하십니다.

1. 저는   시계가   있습니다.

저는   침대도   있습니다.

※ 이도, 가도 X

2. ___씨는   차가   없습니다.

___씨는   없습니다

※ 이도, 가도 X

3. 제 친구는   주말에   바쁩니다.

주말에   바쁩니다.

※ 은도, 는도 X

4. ___씨는   바나나를   좋아합니다.

___씨는   좋아합니다.

※ 을도, 를도 X

5. 윤아 씨는   한국 사람입니다.

한국 사람입니다.

※ 은도, 는도 X

6. 공원에   사람들이 많습니다.

사람들이 많습니다.

7. 집에서   책을 읽습니다.

책을 읽습니다.

8. 저는   친구에게   전화했습니다.

저는   전화했습니다.

8 N부터 N까지 / N에서 N까지 'from... to...'

01	N (시간, 숫자)	부터		N (시간, 숫자)	까지
	9시, 월요일, 아침 ...			6시, 금요일, 밤 ...	

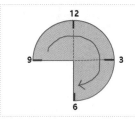  

1. **9시부터 6시까지** 회사에서 일합니다.　　　　※ 9시에서 6시까지 일합니다. ○

2. 월요일부터 금요일까지 한국어를 배웁니다.

3. 아침부터 밤까지 도서관에서 시험공부를 합니다.

02	N (장소)	에서		N (장소)	까지
	학교, 한국, 서울 ...			집, 일본, 부산 ...	

1. 학교에서 집까지 걸어서 갑니다.

2. 한국에서 일본까지 비행기를 타고 갑니다.

3. 서울에서 부산까지 운전합니다.

✐ 연습 1

1.	12:00 ~ 7:00 a.m.	잠	열두 시부터 일곱 시까지 잠을 잡니다 / 자요.
2.	7:00 ~ 7:20 a.m.	샤워	
3.	7:30 ~ 8:20 a.m.	버스	
4.	9:00 ~ 12:50 p.m.	한국어	
5.	1:00 ~ 2:00 p.m.	점심	
6.	2:00 ~ 5:00 p.m.	도서관	
7.	5:00 ~ 6:00 p.m.	운동	
8.	9:00 ~ 11:00 p.m.	TV	

✐ 연습 2

1. 미국 → 한국 미국에서 한국까지 비행기를 타고 갑니다 / 가요.

2. 부산 → 제주도

3. 집 → 공항

4. 집 → 시장

5. 기차역 → 집

6. 회사 → 시내

7. 교실 → 도서관

9 N과/와 'and', '(together) with'

확인

N	받침 ○	과	예 공책과, 김밥과, 쇼핑과, 선물과, 춤과, 선생님과, 술과...
	받침 X	와	예 구두와, 김치와, 사과와, 편지와, 태권도와, 친구와, 커피와...

01	N	과/와	N
	사과, 서울, 한국, 책, 커피 ...	하고	수박, 경주, 중국, 볼펜, 차 ...

- 동생은 시장에서 사과와 수박을 샀습니다.
- 저는 한국에서 서울과 경주를 여행하고 싶습니다.

02	N	과/와	V
	부모님, 친구, 형, 동생, 룸메이트 ...	하고 (같이)	살다, 놀다, 먹다, 마시다, 여행하다, 운동하다, 산책하다 ...

- 저는 부모님과 같이 여행했습니다.   ※ 부모님 같이 X
- 저는 친구와 같이 도서관에 가서 책을 빌렸습니다.

03	N	과/와	V
	여자 친구, 친구, 한국 사람 ...	하고	이야기하다, 데이트하다, 사귀다, 싸우다, 결혼하다 ...

- 저는 교실에서 친구와 이야기했습니다.   ※ 친구와 같이 X
- 저는 영화관에서 여자 친구와 데이트했습니다.

N과/와 같이	N과/와

! - 저는 여자 친구와 같이 데이트했습니다. X ⟶ 저는 여자 친구와 데이트했습니다.

연습 1

1. 바지, 운동화 / 사다	→	바지와 운동화를 샀습니다 / 샀어요.
2. 민수, 지영 / 제 친구	→	
3. 피자, 스파게티 / 먹다	→	
4. 김치, 떡볶이 / 맵다	→	
5. 친구, 같이 / 숙제하다	→	
6. 선생님, 같이 / 차 / 마시다	→	
7. 어머니, 같이 / 쇼핑하다	→	

연습 2

	N은/는	N에서	N과/와	V
1.	지연 씨는	교실에서	민수 씨와	이야기합니다.
2.				
3.				
4.				
5.				

10 N(으)로 Direction / Instrumental Case Marker

N	받침 ○	으로	예 앞으로, 집으로, 안으로, 밖으로, 오른쪽으로, 식당으로…
	받침 X, ㄹ받침	로	예 뒤로, 위로, 학교로, 회사로, 화장실로, 교실로, 서울로…

01	N (장소, 위치)	(으)로	V
	집, 방, 회사, 교실, 서울 …		가다, 오다, 여행가다 걷다, 들어가다, 들어오다

- 이 버스는 서울로 갑니다.　　　　　　　　　※ 이 버스는 서울에 갑니다. X
- 제니 씨는 한국으로 여행을 옵니다.　　　　※ 한국에서 여행을 옵니다 X
- 제 친구가 식당으로 들어옵니다.

학교 근처	학교로 갑니다.	학교	학교에 갑니다.
	오른쪽으로 갑니다. ○ 오른쪽에 갑니다. X		위로 갑니다. ○ 위에 갑니다. X

02	N 언어	(으)로	V / N이다
	한국어, 영어, 중국어 …		말하다, 이야기하다, 노래하다, 이다 …

- 학생들은 한국어로 말합니다.
- 이것은 한국어로 '책'입니다.

1.	다음 주에 친구와 서울공원 (에 / (으)로) 갈 거예요.	에
2.	방학에 친구들과 서울 (에서 / (으)로) 여행했습니다.	
3.	교실에서 친구들과 한국어 (를 / (으)로) 이야기합니다.	
4.	이 엘리베이터는 위 (에 / (으)로) 갑니다.	
5.	저는 지금 대학교 (에 / (으)로) 다닙니다.	
6.	100번 버스는 대학교 앞 (에 / (으)로) 섭니다.	
7.	저는 제주도 (에서 / (으)로) 여행을 가고 싶습니다.	
8.	여기에서 계속 앞 (에 / (으)로) 가면 식당이 있습니다.	
9.	어제 마트 (에 / (으)로) 가서 우유와 과일을 샀습니다.	
10.	월요일에 학교 (에 / (으)로) 가면 친구를 만날 수 있습니다.	

🖋 **연습 2**

	(으)로 / 에
1. 게 / 옆 / 걷다	→ 게는 옆으로 걷습니다 / 걸어요
2. 친구 / 매일 / 도서관 / 가다	→
3. 그 친구 / 영어 / 편지 / 쓰다	→
4. 사람들 / 왼쪽 / 가다	→
5. 어머니 / 방 안 / 들어가시다	→
6. 이번 주말 / 부산 / 가다	→
7. 학생들 / 한국말 / 인사하다	→
8. 아이 / 나무 아래 / 가고 있다	→
9. 친구 / 어제 / 우리 집 / 오다	→
10. 기차 / 지금 / 서울 / 가다	→

11 N의 N Possessive Case Marker

N	의	N
저, 친구, ○○ 씨, 우리 ...		이름, 가방, 친구, 여행 ...

- 제(저의) 이름은 제니입니다.
- 이것은 친구의 가방입니다.
- 어제 토니 씨의 친구가 한국에 왔습니다.
- 우리의 여행은 힘들었지만 행복했습니다.

김민수 씨의 가방	이지영 씨의 책	박성재 씨의 모자	민아 씨의 생일

제(저의) 휴대폰	내(나의) 자전거	네(너의) 컴퓨터	우리(의) 선물

- 우리의 N → 우리 N

  우리나라, 우리 부모님, 우리 어머니/아버지, 우리 형/누나/오빠/언니
  우리 가족, 우리 집, 우리 고향, 우리 학교, 우리 선생님, 우리 회사 ...
- 우리 학교의 식당의 음식 ?? → 우리 학교 식당의 음식 ○
- 우리 동생 × → 제 동생 ○   우리 친구 × → 제 친구 ○

1. 한국 / 산 한국의 산	11. ? / 기숙사
2. 저 / 친구 / 집	12. ? / 할머니
3. 우리 / 도서관 / 책	13. ? / 사장님
4. 친구 / 생일 / 선물	14. ? / 언니
5. 저 / 취미	15. ? / 방
6. 우리 / 나라 / 음식	16. ? / 동생
7. 너 / 친구 / 직업	17. ? / 선생님
8. 우리 / 가족 / 사진	18. ? / 남자 친구
9. 우리 / 형 / 차	19. ? / 편지
10. 그 가수 / 노래	20. ? / 고향

✎ 연습 2

보기	N	의	N	을/를	사다 빌리다 듣다 받다
					만나다 알다 보다 읽다

1. 어제 그 회사의 컴퓨터를 샀습니다.

2.

3.

4.

5.

6.

7.

8.

6 부사어 쓰기

확인

01	아주, 너무, 많이, 조금, 정말, 열심히, 제일, 참, 매일, 항상, 요즘, 자주		A, V
02	아주, 너무, 정말, 제일	+ 많이, 잘, 열심히, 조금	A, V
03	빨리, 천천히, 일찍, 늦게, 잠깐, 오래, 곧, 계속		A, V
04	꼭, 다시, 또, 먼저		A, V
05	혼자, 같이, 함께		V

1. 오늘은 날씨가 춥습니다. → 오늘은 날씨가 아주 춥습니다.

2. 저녁에 고기를 먹었습니다. → 저녁에 고기를 아주 많이 먹었습니다.

3. 아침에 밥을 먹었습니다. → 아침에 밥을 빨리 먹었습니다.

4. 그 친구는 파티에 왔습니다. → 그 친구는 파티에 늦게 왔습니다.

5. 카페에서 그 친구를 만났습니다. → 카페에서 그 친구를 잠깐 만났습니다.

6. 나는 그 친구와 이야기했습니다. → 나는 그 친구와 오래 이야기했습니다.

7. 그 영화를 봤습니다. → 그 영화를 다시 봤습니다.

8. 그 친구는 여행을 갔습니다. → 그 친구는 혼자 여행을 갔습니다.

- 많이 음식을 먹었습니다. X → 음식을 많이 먹었습니다. ○

- 많이 맛있는 음식을 먹었습니다. X ▪ 맛있는 많이 음식을 먹었습니다. X

- 음식을 많은 먹었습니다. X ※ 많은 + N, 많이 + A/V

- 같이 여행을 갔습니다. X ▪ 친구 같이 여행을 갔습니다. X → N과/와 같이~

- 천천히 예쁩니다. X 늦게 예쁩니다. X - 예쁘다 (A)

- 열심히 잡니다. X 열심히 일어납니다. X 열심히 공부합니다[일합니다] ○

80

연습 1   틀린 곳을 고치세요.

1.   저는 매일은 도서관에 갑니다. → 매일

2.   여름 방학에 혼자를 여행했습니다. →

3.   어제는 비가 아주 왔습니다. →

4.   너무 피곤해서 오늘 천천히 일어났습니다. →

5.   그 친구는 밥을 열심히 먹었습니다. →

6.   제 친구는 한국어를 많이 잘합니다. →

7.   어제 피곤해서 잠을 정말 잤습니다. →

8.   상민 씨가 책을 제일 읽습니다. →

9.   한국에 와서 친구를 많은 만났습니다. →

10. 저는 어제 친구를 열심히 기다렸습니다. →

연습 2

	단어	문장
1.	많이 어제 왔습니다 비 너무	→ 어제 비가 너무 많이 왔습니다.
2.	제일 제 친구 좋아합니다 금요일	→
3.	늦게 저 일어납니다 아주 주말	→
4.	갑니다 친구 도서관 매일 같이	→
5.	공부합니다 그 친구 열심히 아주	→
6.	먹습니다 조금 그 아이 밥 너무	→

1 A-(으)ㄴ/는 + N

확인

01	A -(으)ㄴ		예
좋/다 → 좋은	+ N	좋은 사람을 만났습니다.
예쁘/다 → 예쁜		예쁜 옷을 샀습니다.

• 보고 싶다(A) → 보고 싶은 ※ 보고 싶어하다(V) → 보고 싶어하는

02	'ㅂ'불규칙 A -(으)ㄴ		예
맵/다 → 매운	+ N	매운 음식을 좋아합니다.
무겁/다 → 무거운		무거운 가방을 싫어합니다.

• 맵/다 → 맵은 → 매우 +ㄴ → 매운   • 춥 / 다 → 춥은 → 추우+ㄴ → 추운

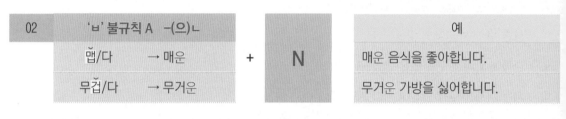

03	'ㄹ'탈락 A -(으)ㄴ		예
길/다 → 긴	+ N	저는 긴 치마를 좋아합니다.
힘들/다 → 힘든		저는 힘든 일을 합니다.
힘들지 않/다 → 힘들지 않은		그 일은 힘들지 않은 일입니다.

• 길/다 → 길은 → 기+ㄴ → 긴   • 멀/다 → 멀은 → 머+ㄴ → 먼

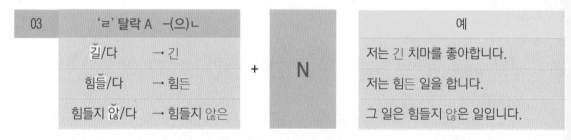

04	'N있다/없다' A -는		예
맛있/다 → 맛있는	+ N	맛있는 음식이 많습니다.
맛없/다 → 맛없는		맛없는 음식을 안 먹습니다.
재미있/다 → 재미있는		재미있는 영화를 봤습니다.
재미없/다 → 재미없는		이 책은 재미없는 책입니다.

1.	맛있는	음식
	맛있다	
2.		신발
	가볍다	
3.		머리
	길다	
4.		생일 파티
	재미있다	
5.		과일
	비싸다	
6.		친구
	친하다 않다	
7.		날씨
	덥다	

8.		가수
	멋있다	
9.		케이크
	달다	
10.		고추
	맵지 않다	
11.		이야기
	슬프다	
12.		숙제
	힘들다	
13.		문제
	어렵다	
14.		도서관
	조용하다	

◈ 연습 2

1.	재미있는	게임
2.		음식
3.		여자
4.		사람
5.		날씨

6.		시험
7.		지하철
8.		날
9.		집
10.		옷

② V-는 + N

확인

01	V -는		예
먹/다	→ 먹는		아침을 안 먹는 사람이 많아요.
배우/다	→ 배우는		여기는 한국어를 배우는 곳이에요.
듣/다	→ 듣는	+ N	혼자 음악을 듣는 시간이 좋아요.
쉬/다	→ 쉬는		쉬는 시간에 커피를 마셔요.
쉬지 않다	→ 쉬지 않는		오늘은 쉬지 않는 날이에요.

02	'ㄹ'탈락 V -는		예
살/다	→ 사는		기숙사에 사는 친구가 있어요.
알/다	→ 아는		그 친구는 아는 사람이 많아요.
팔/다	→ 파는	+ N	시장에서 파는 옷을 샀어요.
팔지 않다	→ 팔지 않는		그것은 여기에서 팔지 않는 책이에요.

$$살/다 \quad → \quad 살 + 는 \quad → \quad 사 + 는 \quad → \quad 사는 + N$$
$$\text{'ㄹ' 탈락} + ⓛ$$

03	'있다/없다' V -는		예
있/다	→ 있는	+ N	서울에 있는 대학교에 다녀요.
없/다	→ 없는		내일은 수업이 없는 날이에요.

- 식당에서 밥을 **먹었는** 친구를 봤습니다. X

  식당에서 밥을 **먹는** 친구를 봤습니다. O

- **나는** 좋아하는 과일은 딸기입니다. X

  내가 좋아하는 과일은 딸기입니다. O

✎ 연습 1

보기	백화점	도서관	우체국	산책하다	구경하다	소포를 보내다
	박물관	공원	?	책을 빌리다	쇼핑하다	?

1.   백화점 에   쇼핑하는   사람들이   많습니다.

2.   에

3.   에

4.   에서   봤습니다.

5.   에서

6.   에서

✎ 연습 2

스티븐	제니	리나	민수	제임스	철수

1. 지금 커피를 마시는 사람은 스티븐입니다.

2.

3.

4.

5.

6.

3 관형사

				예
01	이			이 사람, 이 분, 이 책, 이 영화 ...
	그	+	N	그 친구, 그 음식, 그 나라, 그 집 ...
	저			저 나무, 저 가게, 저 버스, 저 건물 ...

02	한		명		한 명		일		번		일 번 버스
	두		개		두 개		이		층		이 층
	세	+	잔		세 잔		삼	+	분		삼 분 (시간)
	네		그릇		네 그릇		사		월		사 월
	다섯		병		다섯 병		오		일		오 일

- 커피 한 잔 ○   한 커피 잔 X   한 잔 커피 X
- 커피 일 잔, 콜라 이 병, 비빔밥 사 그릇 X → ~한 잔, 두 병, 네 그릇 ○

03	새	+	N	새 컴퓨터를 샀습니다.

04	어느			어느 나라에서 왔습니까?　　　※ 어느 학교[회사]
	몇	+	N	가족이 모두 몇 명입니까?
	무슨			무슨 일을 합니까?　　　※ 무슨 요일
	어떤			어떤 영화를 좋아합니까?

- 무엇 일을 합니까? X 뭐 일을 합니까? X 무슨 일을 합니까? ○
- 오늘이 몇 일입니까? X 오늘이 며칠입니까? ○
- 오늘이 몇 요일입니까? X 무슨 요일입니까? ○

참고
- 이, 그, 저 + A + N → 이 예쁜 옷 ○ ※ 예쁜 이 옷 X
- 이, 그, 저 + 새 + N → 이 새 옷 ○ ※ 새 이 옷 X

	○, X			○, X
1. 새 가방을 샀어요.	○	6.	네 층에 카페가 있어요.	
2. 뭐 영화를 좋아해요?		7.	이름이 무슨이에요?	
3. 노래가 어때 좋아요?		8.	우리 몇 요일에 만날까요?	
4. 주말에 무슨 했어요?		9.	어느 나라를 좋아해요?	
5. 한국 친구가 세 명 있어요.		10.	전화번호가 몇 번이에요?	

보기	한	어느	어떤	새	두
	번	무슨	삼	몇	명

①	주스 / ___ / 병 / 사다	주스를 한 병 샀습니다 / 샀어요
②	우리 교실 / ___ / 층이다	
③	오늘 / 오 / ___ / 버스 / 타다	
④	___ / 시 / 점심 / 먹다 ?	
⑤	___ / 음식 / 좋아하다 ?	
⑥	___ / 학교 / 다니다 ?	
⑦	백화점 / ___ / 옷 / 사다	
⑧	저 / 언니 / 한 / ___ / 있다	
⑨	어제 / 밥 / ___ / 그릇 / 먹다	
⑩	오늘 / ___ / 요일이다 ?	

4 N(의) N

01			
	우리	+ N	우리나라, 우리 가족, 우리 어머니, 우리 아버지
			우리 아버지, 우리 형, 우리 오빠, 우리 언니, 우리 딸
			우리 선생님, 우리 학교, 우리 집, 우리 교실, 우리 회사
			우리 가족사진, 우리 고향, 우리 집, 우리 동네

! ▪ 제 나라, 제 가족, 제 어머니, 제 선생님, 제 학교, 제 회사, 제 사장님, 제 집, 제 교실 → ??

	제 (내)	+ N	제 여자 친구, 제 동생, 제 이름, 제 취미, 제 블로그
			제 룸메이트, 제 책, 제 생일, 제 옷, 제 컴퓨터
			내 신발, 내 가방, 내 돈, 내 선물, 내 성적, 내 이야기

! ▪ 우리 친구, 우리 여자 친구, 우리 동생 → ??

02			
	N	+ N	한국 음식, 한국 노래, 한국어 책, 한국어 말하기 대회
			외국 학생, 고향 친구, 학교 식당, 학교 기숙사
			어제 저녁, 내일 아침, 한국 여행, 노래 가사, 요즘 날씨
			민수 씨 사무실 전화번호, 우리 학교 도서관

	N	의 N	누구의 가방, 준호 씨의 가방, 그 가수의 콘서트
			우리 어머니의 가방, 한국의 수도, 우리나라의 춤
			한국 사람들의 정, 김치의 맛, 한국의 전통 음악
			이 물건의 이름, 그 화가의 이름, 서울의 산과 공원

! ▪ 이것은 누가 가방입니까? X → 이것은 누구의 가방입니까? ○

시험	박물관	가족
어제	한국말	학생
방학	생일	약속
이메일	기차표	한국어 반

\+

공부	시간	계획
아침	구경	선물
여행	친구	연습
예매	식당	주소

1.   시험 공부
2.
3.
4.
5.
6.

7.
8.
9.
10.
11.
12.

✏️ 연습 2

우리 / 제 + N

1.   우리 아버지
2.
3.
4.
5.

_____ 의 _____

6.
7.
8.
9.
10.

맛있다	좋다	힘들다	짧다	쉽다	재미있다	크다	따뜻하다
어렵다	높다	두껍다	달다	넓다	친절하다	맵다	힘들지 않다

1. 그 식당에서 ___맛있는___ 음식을 먹고 ___좋은___ 음악을 들었습니다.

2. 날씨가 추워서 백화점에 가서 _____ 코트와 _____ 신발을 샀습니다.

3. 학교에 _____ 선생님과 _____ 친구들이 있어서 잘 지내고 있습니다.

4. 많이 걸어야 합니다. 그래서 _____ 치마를 입고 _____ 구두를 신으면 불편합니다.

5. 동생은 _____ 음식을 좋아하고 형은 _____ 음식을 좋아합니다.

6. 어제 학교에서 시험을 봤습니다. _____ 문제도 있고 _____ 문제도 있었습니다.

7. 우리 집 앞에는 _____ 공원이 있고 그 공원에는 _____ 나무가 많습니다.

8. 요즘 _____ 일이 많아서 너무 피곤합니다. _____ 일을 하고 싶습니다.

1. 【맛있다 – 커피】/ 있다	→ 맛있는 커피가 있습니다.
2. 【예쁘다 – 옷】/ ?	→
3. 【귀엽다 – 아이】/ 만나다	→
4. 【길다 – ?】/ 입다	→
5. 【슬프다 – 영화】/ 봤다	→
6. 【빠르다 – 기차】/ ?	→
7. 【시원하다 – 맥주】/ ?	→
8. 【아름답다 – 노래】/ ?	→

1. 저는 <u>요리를 잘하는</u> 사람을 좋아합니다.
　　　　　　V-는

2. 지금 제가 ＿＿＿＿＿＿＿＿＿＿＿＿ 음식은 ＿＿＿＿＿＿＿＿＿＿＿＿ 입니다.
　　　　　　V-는　　　　　　　　　　　　　　　　　　　N

3. 미나 씨는 오늘 아주 ＿＿＿＿＿＿＿＿＿＿＿＿ 옷을 입었습니다.
　　　　　　　　　A-(으)ㄴ/는

4. 병원에는 ＿＿＿＿＿＿＿＿＿＿ 사람들이 많습니다. ＿＿＿＿＿＿＿＿＿ 의사들도 많습니다.
　　　　A-(으)ㄴ/는　　　　　　　　　　　A-(으)ㄴ/는

5. 제가 ＿＿＿＿＿＿＿＿＿＿ 선물은 ＿＿＿＿＿＿＿＿＿＿ 입니다.
　　　V-고 싶다　　　　　　　　　　　N

6. 저는 어제 인터넷에서 ＿＿＿＿＿＿＿＿＿＿＿＿ 뉴스를 봤습니다.
　　　　　　　　　　A-(으)ㄴ/는

7. 저는 서울에서 9시에 ＿＿＿＿＿＿＿＿＿＿＿ 기차를 탔습니다. 11시에 도착할 겁니다.
　　　　　　　　V-는

8. 우리 모두가 ＿＿＿＿＿＿＿ 수진 씨의 생일이어서 ＿＿＿＿＿＿＿ 음식을 많이 준비했습니다.
　　　　V-는　　　　　　　　　　　　A-(으)ㄴ/는

9. 저는 ＿＿＿＿＿＿＿＿＿＿ 음식을 좋아합니다.
　　　A-(으)ㄴ/는

10. 거기는 아주 ＿＿＿＿＿＿＿＿＿＿ 곳입니다. 그래서 저도 거기에 가고 싶습니다.
　　　　　　A-(으)ㄴ/는

11. 시장에는 ＿＿＿＿＿＿＿＿ 사람도 많고 ＿＿＿＿＿＿＿＿ 사람도 많습니다.
　　　　V-는　　　　　　　　　V-는

12. 오늘 ＿＿＿＿＿＿＿＿ 일을 해서 아주 피곤합니다. ＿＿＿＿＿＿＿＿ 물로 샤워하고 싶습니다.
　　　A-(으)ㄴ/는　　　　　　　　　　　A-(으)ㄴ/는

13. 민수 씨는 어제 공원에서 ＿＿＿＿＿＿＿＿＿＿ 사람을 봤습니다.
　　　　　　　　　　V-는

14. 지금은 ＿＿＿＿＿＿＿＿＿＿ 시간입니다. 쉬면서 커피를 마실 수 있습니다.
　　　　V-는

15. 오늘 날씨가 더워서 ＿＿＿＿＿＿＿＿ 주스를 ＿＿＿＿＿＿＿ 잔 마셨습니다.
　　　　　　　A-(으)ㄴ/는　　　　　　한, 두, 세 ...

16. 민수 씨는 ＿＿＿＿＿＿＿＿ 대학교에 다닙니까? 지금 ＿＿＿＿＿＿＿＿ 학년입니까?
　　　무슨, 어떤, 몇, 어느　　　　　　　　　　몇, 얼마, 어느

불규칙 서술어 쓰기

■ 준비하기

확인 1

	어간 word stem	어미 word endings
먹 / 다	먹	습니다
규칙	먹	어요
	먹	고
	먹	지만
	먹	어서
	먹	으면
	먹	는 + N

	어간 word stem	어미 word endings
맵 / 다	맵	습니다
불규칙	매	워요
	맵	고
	맵	지만
	매	워서
	매	우면
	매	운 + N

확인 2

		기본형	−ㅂ/습니다	−아/어요	−고	−아/어서
규칙 Regular	1	읽/다	읽습니다	읽어요	읽고	읽어서
	2	사/다	삽니다	사요	사고	사서
	3	좋/다	좋습니다	좋아요	좋고	좋아서
	4	싸/다	쌉니다	싸요	싸고	싸서
불규칙 Irregular	1	춥/다	춥습니다	추워요	춥고	추워서
	2	쓰/다	씁니다	써요	쓰고	써서
	3	듣/다	듣습니다	들어요	듣고	들어서
	4	살/다	삽니다	살아요	살고	살아서

01 'ㅂ' 불규칙

불규칙

쉬워요
쉬워서

춥다 덥다
쉽다 어렵다
가볍다 무겁다

더워요
더우면

무거워요
무거우면

규칙

입다 좁다
잡다 씹다

입어요
입으면

02 'ㄷ' 불규칙

불규칙

들어요
들으면

듣다 걷다
묻다

걸어요
걸으면

물어요
물으면

규칙

받다 닫다

받아요
받으면

03 'ㅡ' 탈락

바빠요
바쁘면~

바쁘다

나빠서~
나쁘지~

나쁘다

고프다

아프다

커요
커서~

크다

예쁘다

슬프다

쓰다

끄다

기쁘다

04 'ㄹ' 탈락

팔다

열다

알다

울다

놀다

압니다
알아요

살다

만들다

길다

멀다

달다

살 거예요
살지만

만듭니다
만들면~

1 'ㅂ' 불규칙

받침 'ㅂ' 불규칙	ㅂ + 모음 → 우		ㅂ + 자음 → ㅂ̸	
	덥 + 아/어	덥어 – 더우어 – 더워	-습니다	덥습니다
			-고	덥고
	덥 + 았/었	덥었 – 더우었 – 더웠	-지만	덥지만
			-네요	덥네요
	덥 + 으	덥으 – 더우	V-는 + N	돕는 N

> ⚠ ▪ 돕다 → 돕 + 아/어 → 도오아 → 도와   ▪ 돕다 + 습니다 → 돕습니다
>   돕 + 았/었 → 도오았 → 도왔   + 고   → 돕고
>   돕 + 으   → 도우   + 지만   → 돕지만

		-습니다	-아/어요	-(으)면	-고	A-(으)ㄴ + N V-는 + N
A	고맙/다	고맙습니다	고마워요	고마우면	고맙고	고마운
A	반갑/다	반갑습니다	반가워요	반가우면	반갑고	반가운
A	쉽/다	쉽습니다	쉬워요	쉬우면	쉽고	쉬운
A	어렵/다	어렵습니다	어려워요	어려우면	어렵고	어려운
A	맵/다	맵습니다	매워요	매우면	맵고	매운
A	가깝/다	가깝습니다	가까워요	가까우면	가깝고	가까운
A	가볍/다	가볍습니다	가벼워요	가벼우면	가볍고	가벼운
A	무겁/다	무겁습니다	무거워요	무거우면	무겁고	무거운
V	돕/다	돕습니다	도와요	도우면	돕고	돕는

> ⚠ ▪ 규칙 (Regular) – 입다 : 입습니다, 입어요, 입으면, 입고, 입는
>   – 잡다 : 잡습니다, 잡아요, 잡으면, 잡고, 잡는

✎ 연습 1

	-습니다	-아/어요	-고	-(으)면	-(으)ㄴ/는+ N
1. 춥/다	춥습니다		춥고		
2. 뜨겁/다					뜨거운
3. 아름답다		아름다워요			
4. 더럽/다				더러우면	
5. 두껍/다			두껍고		
6. 돕/다					
7. 귀엽/다	귀엽습니다				
8. 싱겁/다					
9. 무섭/다					

✎ 연습 2

보기	맵다 아름답다 어렵다 귀엽다 가깝다	+	-아/어요
	뜨겁다 돕다 춥다 가볍다 무겁다		

1. 김치가   매워요.

2. 친구를

3. 날씨가

4. 커피가

5. 풍선이

6. 여행 가방이

7. 한국어가

8. 꽃이

9. 아이가

10. 편의점이

2 'ㄷ' 불규칙

확인

받침 'ㄷ' 불규칙	ㄷ + 모음 → ㄹ		ㄷ + 자음 → ✘	
	듣 + 어	듣어 – 들어	-습니다	듣습니다
			-고	듣고
	듣 + 었	듣었 – 들었	-지만	듣지만
			-네요	듣네요
	듣 + 으	듣으 – 들으	V-는 + N	듣는 N

		-습니다	-아/어요	-(으)면	-고	-지만	V-는 + N
V	듣/다	듣습니다	들어요	들으면	듣고	듣지만	듣는
V	걷/다	걷습니다	걸어요	걸으면	걷고	걷지만	걷는
V	묻/다	묻습니다	물어요	물으면	묻고	묻지만	묻는

⚠
- 규칙 (Regular) – 받다 : 받습니다, 받아요, 받으면, 받고, 받는   예 선물을 받아요.
　　　　　　　 – 닫다 : 닫습니다, 닫아요, 닫으면, 닫고, 닫는   예 창문을 닫아요.
　　　　　　　 – 믿다 : 믿습니다, 믿어요, 믿으면, 믿고, 믿는   예 그 사람의 말을 믿어요.

- 걷다 – 'ㄷ' 불규칙 – 걷습니다 – 걸어요 – 걸으면 – 걷고 – 걷는   예 길을 걸어요.
- 걸다 – 'ㄹ' 불규칙 – 겁니다 – 걸어요 – 걸면 – 걸고 – 거는   예 그림을 벽에 걸어요

- 듣다 – 'ㄷ' 불규칙 – 듣습니다 – 들어요 – 듣고 – 듣는   예 음악을 들어요.
- 들다 – 'ㄹ' 불규칙 – 듭니다 – 들어요 – 들고 – 드는   예 가방을 들어요.

연습 1

	-습니다	-아/어요	-고	-(으)면	-는 + N
1. 듣/다	듣습니다		듣고		
2. 걷/다					
3. 닫/다					
4. 묻/다					
5. 받/다					
6. 믿/다					

연습 2

보기	듣다	받다	닫다	걷다	묻다	+	-아/어요

1. 뉴스를 들어요.		7. 선물을	
2. 이름을		8. 이야기를	
3. 공원을		9. 돈을	
4. 라디오를		10. 전화번호를	
5. 전화를		11. 편지를	
6. 창문을		12. 길을	

3 '—' 탈락

— + 아/어 → ⊝ + 아/어		탈락 X	
아프+ 아	아프 + 아요 → 아파요	-ㅂ/습니다	아픕니다
예쁘 + 어	예쁘 + 어요 → 예뻐요	-(으)면	아프면
아프 + 았	아프 + 았어요 → 아팠어요	-고	아프고
예쁘 + 었	예쁘 + 었어요 → 예뻤어요	-네요	아프네요
		-(으)ㄴ/는 + N	아픈 / 쓰는 N

모음 '—' 탈락

ㅏ, ㅗ	'—'다	+	아요	예 바쁘다-바빠요, 배고프다-배고파요
ㅣ, ㅔ, —	'—'다	+	어요	예 기쁘다-기뻐요, 예쁘다-예뻐요, 슬프다-슬퍼요
[ ]	'—'다	+	어요	예 크다-커요, 쓰다-써요

		-ㅂ/습니다	-아/어요	-(으)면	-고	A-(으)ㄴ + N V-는 + N
A	예쁘/다	예쁩니다	예뻐요	예쁘면	예쁘고	예쁜
A	아프/다	아픕니다	아파요	아프면	아프고	아픈
A	바쁘/다	바쁩니다	바빠요	바쁘면	바쁘고	바쁜
A	배고프/다	배고픕니다	배고파요	배고프면	배고프고	배고픈
A	나쁘/다	나쁩니다	나빠요	나쁘면	나쁘고	나쁜
A	기쁘/다	기쁩니다	기뻐요	기쁘면	기쁘고	기쁜
A	슬프/다	슬픕니다	슬퍼요	슬프면	슬프고	슬픈
A	크/다	큽니다	커요	크면	크고	큰
V	쓰/다	씁니다	써요	쓰면	쓰고	쓰는

✎ 연습 1

	-ㅂ/습니다	-아/어요	-(으)면	-고	-(으)ㄴ/는 + N
1. 크/다	큽니다				
2. 기쁘/다					
3. 쓰/다					
4. 바쁘/다					
5. 아프/다					
6. 슬프/다					
7. 끄/다					

✎ 연습 2

보기	아프다 쓰다 예쁘다 크다 나쁘다 슬프다 끄다 바쁘다	+	-아/어요

1. 배가   아파요

2. TV를

3. 그 옷이

4. 안경을

5. 날씨가

6. 이메일을

7. 키가

8. 그 영화가

9. 주말에는

10. 기분이

4 'ㄹ' 탈락

	ㄹ +으	ㄹ+ ㄴ, ㅂ, ㅅ	탈락 X
받침 'ㄹ' 탈 락	살 + 으면 → 살면 살 + 으러 → 살러	살 + 습니다 → 살습니다 → 살ㅂ니다 → 삽니다 살 + 으세요 → 살세요 → 사세요 살 + 으시 → 살시 → 사시 살 + 는 N → 사는 N 길 + 은 N → 길 ㄴ → 긴 N	살 + 아요 → 살아요 살 + 고 → 살고 살 + 지만 → 살지만

		-ㅂ/습니다	-아/어요	-(으)시	-(으)면	-고	A-(으)ㄴ + N V-는 + N
V	알/다	압니다	알아요	아시	알면	알고	아는
V	살/다	삽니다	살아요	사시	살면	살고	사는
V	만들/다	만듭니다	만들어요	만드시	만들면	만들고	만드는
V	팔/다	팝니다	팔아요	파시	팔면	팔고	파는
V	울/다	웁니다	울어요	우시	울면	울고	우는
V	열/다	엽니다	열어요	여시	열면	열고	여는
V	놀/다	놉니다	놀아요	노시	놀면	놀고	노는
V	걸/다	겁니다	걸어요	거시	걸면	걸고	거는
A	길/다	깁니다	길어요	기시	길면	길고	긴
A	멀/다	멉니다	멀어요	머시	멀면	멀고	먼
A	힘들/다	힘듭니다	힘들어요	힘드시	힘들면	힘들고	힘든

  잘하다 / 읽다 → 'ㄹ' 탈락 동사가 아닙니다.

✎ 연습 1

	-ㅂ/습니다	-아/어요	-(으)면	-고	-(으)ㄴ/는 + N
1. 멀/다	멉니다	멀어요			
2. 팔/다					
3. 울/다					
4. 열/다					
5. 놀/다					
6. 길/다					
7. 걸/다					
8. 달/다					
9. 들/다					

✎ 연습 2

보기	살다	길다	팔다	달다	놀다	+	-ㅂ/습니다
	알다	만들다	힘들다	울다	열다		

1. 부산에   삽니다

2. 아기가

3. 문을

4. 고향 음식을

5. 아르바이트가

6. 과일을

7. 머리가

8. 그 사람을

9. 친구와

10. 사탕이

종합연습 1

1. 그 아주머니는 저를 도와주셨습니다. 아주 ___고마웠습니다___ .
　　　　　　　　　　　　　　　　　　　고맙다

2. 어제 시험을 봤습니다. 시험이 아주 _____ .
　　　　　　　　　　　　　　　　　　　　　　어렵다

3. 제주도가 너무 _____ (아/어서) 다음 방학에 또 가고 싶습니다.
　　　　　　　아름답다

4. 어제는 날씨가 _____ (아/어서) 운동을 하지 않았습니다.
　　　　　　　춥다

5. 저는 월요일부터 금요일까지 아주 _____ .
　　　　　　　　　　　　　　　　　　바쁘다

6. 어제 옷을 샀습니다. 그런데 옷이 너무 _____ (아/어서) 바꾸려고 합니다.
　　　　　　　　　　　　　　　크다

7. 한국 요리를 배웠습니다. 그래서 불고기를 _____ 수 있습니다.
　　　　　　　　　　　　　　　　만들다

8. 오늘은 기분이 안 좋습니다. 그래서 혼자 음악을 _____ 싶습니다.
　　　　　　　　　　　　　　　　　　듣다

9. 어제 사진을 찍고 편지를 _____ (아/어서) 친구에게 보냈습니다.
　　　　　　　　　　　　쓰다

10. _____ (으면서) 휴대폰을 보지 마세요. 위험합니다.
　　　　걷다

11. 이 옷은 따뜻하고 _____ . 그래서 자주 _____ .
　　　　　　　　　　　가볍다　　　　　　　　　　　　　　입다

12. 아르바이트가 너무 _____ (으면) 하지 마세요.
　　　　　　　　　　　힘들다

13. 그 아이가 예쁘고 _____ (아/어서) 사람들이 다 보고 싶어 합니다.
　　　　　　　　　　귀엽다

14. 우리 집은 학교에서 _____ (지만) 친구 집은 _____ .
　　　　　　　　　　가깝다　　　　　　　　　　　　　　멀다

15. 식당에서 김치를 먹었습니다. 그런데 너무 _____ .
　　　　　　　　　　　　　　　　　　　　　　맵다

16. 어제 영화를 봤습니다. 영화가 _____ (아/어서) 울었습니다.
　　　　　　　　　　　　　　　슬프다

문장을 만드세요.

1.	가방이 무거워서 팔이 아파요.	무겁다 + 아/어서
2.		쓰다 + 아/어요
3.		듣다 + (으)면서
4.		배고프다 + (으)면
5.		돕다 + 았/었어요
6.		어렵다 + 지만
7.		크다 + 아/어서
8.		길다 + (으)ㄴ
9.		힘들다 + (으)면
10.		울다 + ㅂ/습니다
11.		살다 + 는 + N
12.		덥다 + (으)면
13.		아프다 + 아/어서
14.		두껍다 + 고
15.		예쁘다 + 아/어요
16.		멀다 + 아/어서
17.		팔다 + 는 + N
18.		슬프다 + (으)ㄴ + N
19.		뜨겁다 + 아/어서
20.		걷다 + 았/었어요

II 문장 종결 표현하기

기본형 Basic form   어간 Stem   종결어미 Final ending   Sentence types

먹/다 → 먹 -습니다   격식체 Formal Polite Style

-어요   비격식체 Informal Polite Style

V	A	N이다	있다	없다	문장 유형
읽-습니다 읽-어요	좋-습니다 좋-아요	N입니다 N이에요/예요	있-습니다 있-어요	없-습니다 없-어요	평서문 Declarative sentences
읽-습니까? 읽-어요?	좋-습니까? 좋-아요?	N입니까? N이에요/예요?	있-습니까? 있-어요?	없-습니까? 없-어요?	의문문 Interrogative sentences
읽-으십시오 읽-으세요	×	×	계십시오 (책이) 있으십시오 × 계세요 (책이) 있으세요 ×	×	명령문 Imperative sentences
읽-으십시오 읽-어요	×	×	있읍시다 있어요	×	청유문 Propositive sentences
읽-는군요! 읽-네요!	좋-군요! 좋-네요!	N(이)군요! N(이)네요!	있군요! 있네요!	없군요! 없네요!	감탄문 Exclamatory sentences

기본형 Basic form   어간 Stem   어미 Ending   종결어미 Final ending

먹/다 → 먹- 으려고 하 -ㅂ니다   격식체 Formal Polite Style

-해요   비격식체 Informal Polite Style

기본형 Basic form   어간 Stem   어미 Ending   종결어미 Final ending

먹/다 → 먹- 으려고 했 -습니다   격식체 Formal Polite Style

-어요   비격식체 Informal Polite Style

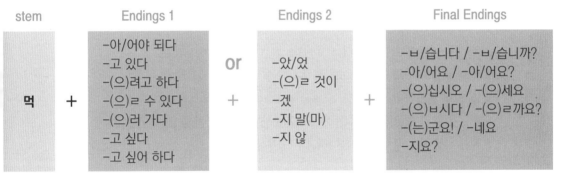

stem	Endings 1		Endings 2		Final Endings
먹 +	-아/어야 되다 -고 있다 -(으)려고 하다 -(으)ㄹ 수 있다 -(으)러 가다 -고 싶다 -고 싶어 하다	or +	-았/었 -(으)ㄹ 것이 -겠 -지 말(마) -지 않	+	-ㅂ/습니다 / -ㅂ/습니까? -아/어요 / -아/어요? -(으)십시오 / -(으)세요 -(으)ㅂ시다 / -(으)ㄹ까요? -(는)군요! / -네요 -지요?

예시

어미 1 + 종결어미	어미 2 + 종결어미	어미 1 + 2 + 종결어미
먹어야 됩니다 먹고 있어요 먹으려고 합니다 먹을 수 있습니까? 먹으러 갑시다 먹고 싶군요!	먹었습니다 먹었어요 먹을 거예요? 먹겠습니다 먹었을까요? 먹지 마세요	먹으려고 했습니다 먹고 있었어요? 먹을 수 있을 거예요 먹을 수 있겠어요? 먹으러 갔습니다 먹으러 가지 마세요

1 V-고 싶다/싶어 하다

1 V -고 싶다 'want to' – first person subject

확인

> • 저는 방학에 부산에 가고 싶습니다.
> • 저는 한국 음식을 먹고 싶었습니다.

받침 ○	-고 싶다
먹/다	먹고 싶다
찾/다	찾고 싶다
읽/다	읽고 싶다
듣/다	듣고 싶다

받침 ×	-고 싶다	
쉬/다	쉬고 싶다	쉬어고 ×
마시/다	마시고 싶다	마셔고 ×
배우/다	배우고 싶다	배워고 ×
공부하/다	공부하고 싶다	공부해고 ×

☑ 주의

- 저는 영화를 봤고 싶습니다. × ➔ 보고 싶었습니다
- 저는 친구를 보겠고 싶습니다. × ➔ 보고 싶을 겁니다
- 저는 불고기를 먹고 싶습니다. = 저는 불고기가 먹고 싶습니다.
- 주말에 날씨가 좋고 싶습니다. × ➔ ※ 좋다(A)
- 제 방이 깨끗하고 싶습니다. × ➔ ※ 깨끗하다(A)
- 저는 친구가 있고 싶습니다. × ➔ 저는 친구가 있으면 좋겠습니다. ○
- 저는 주말에 집에 있고 싶습니다. ○ ※ N(장소)에 있다

✎ 연습 1

		-고 싶다 + 습니다			-고 싶다 + 어요
1.	만나/다	만나고 싶습니다	6	받/다	받고 싶어요
2.	돕/다		7	알/다	
3.	울/다		8	걷/다	
4.	바꾸/다		9	잘하/다	
5.	사귀/다		10	가르치/다	

108

❷ V -고 싶어 하다 'want to' – third person subject

> • 제 친구는 한국어를 배우고 싶어 합니다.
> • 제 동생은 불고기를 먹고 싶어 합니다.

<table>
<tr><td rowspan="2">☑
주
의</td><td>
■ 저는 한국어를 배우고 싶어 합니다. × ➡ 저는 한국어를 배우고 싶습니다.
■ 유미 씨는 불고기를 먹고 싶습니다. × ➡ 유미씨는 불고기를 먹고 싶어 합니다.
   유미 씨는 불고기가 먹고 싶습니다. ×
</td></tr>
</table>

■ 저는 한국어를 배우고 싶어 합니다. × ➡ 저는 한국어를 배우고 싶습니다.
■ 유미 씨는 불고기를 먹고 싶습니다. × ➡ 유미씨는 불고기를 먹고 싶어 합니다.
  유미 씨는 불고기가 먹고 싶습니다. ×

■ 우리 어머니는 여행을 가고 싶습니다. × ➡ 우리 어머니는 여행을 가고 싶어 합니다.
  우리는 여행을 가고 싶습니다. ○
■ 유미 씨, 한국어를 배우고 싶습니까? ○ – 의문문 Interrogative sentence
  유미 씨, 한국어를 배우고 싶어 합니까? ×
■ 유미 씨는 한국어를 배우고 싶지 않아 합니다. × ➡ 배우고 싶어 하지 않습니다.

■ 먹다 (V) + N → 밥을 먹는 사람
■ 먹고 싶다 (A) + N → 밥을 먹고 싶은 사람
■ 먹고 싶어하다 (V) + N → 밥을 먹고 싶어 하는 사람

✎ 연습 2

		-고 싶어 하다 + ㅂ니다
1.	찍/다	찍고 싶어 합니다
2.	받/다	
3.	타/다	
4.	춤추/다	
5.	빌리/다	

		-고 싶어 하다 + 아/어요
6.	자/다	자고 싶어 해요
7.	보/다	
8.	묻/다	
9.	말하/다	
10.	공부하/다	

보기	만들다, 만나다, 사다, 먹다, 바꾸다, 보다, 가다, 쉬다	+	고 싶다 고 싶어 하다

① 눈이 왔습니다. 그래서 저는 눈사람을 _____ 만들고 싶습니다 / 싶어요 _____ .

② 민호 씨는 내일부터 휴가입니다. 그래서 _____ 에 _____ .

③ 오늘은 수업이 없습니다. 그래서 저는 친구를 _____ .

④ 수정 씨는 너무 피곤합니다. 그래서 집에서 _____ .

⑤ 저는 신발을 _____ . 그래서 백화점에 가려고 합니다.

⑥ 민호 씨와 식당에 갔습니다. 민호 씨는 _____ 을/를 _____ .

⑦ 저는 옷을 샀습니다. 하지만 옷이 작아서 _____ .

⑧ 수미 씨는 남자 친구를 만납니다. 같이 영화를 _____ .

① 저는 농구를 하고 싶지만 민수 씨는 _____ 축구를 _____ 하고 싶어 합니다 _____ .

② 저는 비빔밥을 먹고 싶지만 민호 씨는 _____ 을/를 _____ .

③ 아이는 생일에 선물을 _____ 지만 못 받았습니다.

④ 저는 커피를 마시고 싶지만 친구는 _____ 을/를 _____ .

⑤ 저는 여행을 가면 사진을 많이 _____ .

⑥ 민호 씨는 게임을 하고 싶어 하지만 저는 _____ 을/를 _____ .

⑦ 저는 한국어를 배우고 싶지만 제 동생은 _____ 을/를 _____ .

⑧ 저는 너무 아파서 _____ 지만 울지 않았습니다.

⑨ 저는 _____ 고 싶었지만 _____ .

⑩ 저는 _____ 고 싶지만 제 친구는 _____ .

01 남자와 여자가 싸웠습니다. 무엇을 하고 싶어 합니까? 쓰세요.

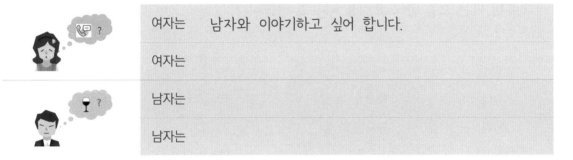

여자는	남자와 이야기하고 싶어 합니다.
여자는	
남자는	
남자는	

02 어머니와 아이는 시간이 많습니다. 무엇을 하고 싶어 합니까? 쓰세요.

어머니는	
어머니는	
아이는	
아이는	

03 여러분은 지금 서울에 있습니다. 무엇을 하고 싶습니까? 쓰세요.

저는	
저는	
저는	
저는	

2 V-고 있다 '~ing'

- 저는 지금 숙제하고 있습니다.
- 유미 씨는 요즘 한국 요리를 배우고 있습니다.

받침 ○	-고 있다
먹/다	먹고 있다
듣/다	듣고 있다
만들/다	만들고 있다
읽/다	읽고 있다

받침 ×	-고 있다
마시/다	마시고 있다
보/다	보고 있다
기다리/다	기다리고 있다
공부하/다	공부하고 있다

☑ 주의

- 저는 어제 오전에 수업을 들었고 있었습니다. × ➡ 듣고 있었습니다
- 동생은 내일 수업을 듣겠고 있습니다. × ➡ 듣고 있을 겁니다
- 어머니께서 지금 드라마를 보고 있습니다. ➡ ~ 보고 계십니다 (높임말)

- 저는 지금 아프고 있습니다. × ➡ 아프다 (A)
  예 아프고 있다 ×, 배고프고 있다 ×, 재미있고 있다 ×, 나쁘고 있다 ×
- 저는 지금 학생이고 있습니다. × ➡ 저는 지금 학생입니다 ○

✎ 연습 1

		-고 있다 + 습니다
1.	자/다	자고 있습니다
2.	울/다	
3.	걷/다	
4.	쉬/다	
5.	지내/다	

		-고 있다 + 아/어요
6.	찾/다	찾고 있어요
7.	쓰/다	
8.	입/다	
9.	만나/다	
10.	구경하/다	

보기	울다	일하다	마시다	먹다	사다	자다	+	고 있다
	듣다	가르치다	보내다	만들다	쉬다	읽다		
	치다	산책하다	가다	보다	이야기하다			

① 아기가 아픕니다. 그래서 지금 아기가 <u>울고 있습니다 / 있어요</u> .

② 저는 지금 음악을 .

③ 오늘은 날씨가 좋습니다. 그래서 지금 공원에서 .

④ 오늘은 일을 하지 않습니다. 그래서 지금 집에서 .

⑤ 저는 지금 커피숍에서 커피를 .

⑥ 저는 배가 고파서 지금 식당에서 밥을 .

⑦ 사과가 먹고 싶습니다. 그래서 지금 시장에서 사과를 .

⑧ 수미 씨는 지금 극장에서 영화를 .

⑨ 친구를 만났습니다. 그래서 지금 친구와 .

⑩ 민호 씨는 지금 도서관에서 책을 .

⑪ 피아노를 배웁니다. 그래서 지금 피아노를 .

⑫ 수업이 끝났습니다. 그래서 지금 집으로 .

⑬ 저는 집에서 저녁을 먹습니다. 그래서 지금 음식을 .

⑭ 수정 씨는 회사원입니다. 그래서 지금 회사에서 .

⑮ 마이클 씨는 영어 선생님입니다. 지금 학교에서 영어를 .

⑯ 밤 12시입니다. 동생은 지금 .

⑰ 전화를 할 수 없습니다. 그래서 지금 이메일을 .

_____씨는 지금 무엇을 하고 있습니까?

1.

_____씨는
지금 전화를
못 받습니다.

민수 씨는 지금 샤워를 하고 있습니다.

2.

_____씨는 지금
학교에 있습니다.

3.

_____씨는
친구를 만났습니다.

4.

_____씨는 지금
여행을 합니다.

3 V-아/어야 되다[하다] 'must'

확인

- 방학이 끝나서 학교에 <u>가야 됩니다</u>.
- 친구가 아프면 <u>도와줘야 됩니다</u>.

ㅏ, ㅗ	-아야 되다	ㅓ,ㅜ,ㅡ,ㅣ ㅕ, ㅐ, ㅟ	-어야 되다	-하	-해야 되다
가/다	가야 되다	먹/다	먹어야 되다	청소하/다	청소해야 되다
사/다	사야 되다	쓰/다	써야 되다	숙제하/다	숙제해야 되다
보/다	봐야 되다	쉬/다	쉬어야 되다	운동하/다	운동해야 되다
만나/다	만나야 되다	배우/다	배워야 되다	공부하/다	공부해야 되다

주의

- 월요일에 학교에 가야 됩니다. ○ = 월요일에 학교에 가야 합니다. ○
- 공부를 열심히 하겠어야 됩니다. ✕ ➡ 공부를 열심히 해야 될 겁니다. ○
- 공부를 열심히 했어야 됩니다. ?? ➡ 공부를 열심히 해야 됐습니다. ○

- 날씨가 좋아야 됩니다. ○   예 예뻐야 됩니다 ○, 많아야 됩니다 ○
- 책이 있어야[없어야] 됩니다. ○
- 학생이어야[이라야] 됩니다. ○   ※ N이어야/여야 됩니다   N(이)라야 됩니다

연습 1

		-아/어야 되다 + ㅂ니다				-아/어야 되다 + 아/어요
1.	타/다	타야 됩니다	6.	읽/다		읽어야 돼요
2.	끄/다		7.	빌리/다		
3.	찍/다		8.	사귀/다		
4.	알/다		9.	가르치/다		
5.	바꾸/다		10.	산책하/다		

📝 연습 2

보기	청소하다 배우다 쓰다	쉬다 먹다 마시다	바꾸다 타다 사다	신다 끄다 가다	도와주다 입다 가르치다	찍다 앉다	+	아/어야 되다

① 방이 더러워요. 방을 _____청소해야 돼요 / 됩니다_____ .

② 아침을 안 먹으면 배가 고파요. 그래서 매일 아침을 _____ .

③ 감기에 걸렸어요. 약을 먹고 집에서 _____ .

④ 많이 걸어서 다리가 아파요. 의자에 _____ .

⑤ 한국어를 몰라서 힘들어요. 한국어를 열심히 _____ .

⑥ 이 침대가 너무 불편해요. 침대를 _____ .

⑦ 냉장고에 달걀이 없어요. 달걀을 _____ .

⑧ 지금 회의를 시작할 거예요. 휴대폰을 _____ .

⑨ 날씨가 추워요. 코트를 _____ .

⑩ 운동을 많이 했어요. 물을 _____ .

⑪ 회사에 일이 있어요. 빨리 회사에 _____ .

⑫ 바다가 너무 아름다워요. 사진을 _____ .

⑬ 친구의 가방이 너무 무거워요. 친구를 _____ .

⑭ 비가 와요. 우산을 _____ .

⑮ 산에 갈 거예요. 운동화를 _____ .

⑯ 길이 복잡해요. 버스도 복잡해요. 지하철을 _____ .

⑰ 민수 씨는 한국어 선생님이에요. 오늘도 한국어를 _____ .

무엇을 해야 돼요?

1.

감기에
걸렸어요

따뜻한 물을 마셔야 돼요.

2.

집에서 생일
파티를 해요

3.

기분이
안 좋아요.

4.

한국말을
잘하고 싶어요

4 V-아/어 보세요 '(Please) try~'

- 제주도에 한번 가 보세요.
- 한국 노래를 한번 들어 보세요.

ㅏ, ㅗ	-아 보세요
가/다	가 보세요
타/다	타 보세요
만나/다	만나 보세요

ㅓ,ㅜ,ㅡ,ㅣ ㅕ, ㅐ, ㅟ	-어 보세요
먹/다	먹어 보세요
끄/다	꺼 보세요
듣/다	들어 보세요

'ㄷ'→ ㄹ + 어

-하	-해 보세요
구경하/다	구경해 보세요
전화하/다	전화해 보세요
사용하/다	사용해 보세요

☑ 주의

- 이 노래를 들어 보세요 = 이 노래를 들어 보십시오. formal polite style
- 이 노래를 들어 보세요 = 이 노래를 한번 들어 보세요. ※ '한번 들어 보세요' is more gentle
- 이 영화를 한번 봐 보세요. ?? ➡ 보세요
- 이 옷을 입고 예뻐 보세요. × ➡ 예쁘다 (A) ×

✐ 연습 1

		-아/어 보세요
1.	오/다	와 보세요
2.	묻/다	
3.	쓰/다	
4.	배우/다	
5.	이야기하/다	
6.	치/다	
7.	입/다	
8.	열/다	

		-아/어 보십시오
9.	앉/다	앉아 보십시오
10.	바꾸/다	
11.	마시/다	
12.	만들/다	
13.	연락하/다	
14.	웃/다	
15.	걷/다	
16.	다니/다	

| 보기 | 하다
연락하다 | 만들다
입다 | 쓰다
묻다 | 먹다
앉다 | 마시다
타다 | + | (한번)
-아/어 보세요 |

① 이 게임이 아주 재미있어요. 게임을   한번 해 보세요   .

② 한국어 문법을 잘 모르면 선생님께   .

③ 이 모자가 너무 예뻐요.   .

④ 서울 지하철이 아주 깨끗하고 편해요.   .

⑤ 이 맥주가 아주 시원하고 맛있어요.   .

⑥ 감기에 걸렸어요? 그럼, 이 약을   .

⑦ 김밥을   . 외국 사람도 만들 수 있어요.

⑧ 이 의자가 아주 편해요.   .

⑨ 한복이 아주 예뻐요.   . 사진을 찍으면 더 예뻐요.

⑩ 지영 씨를 만나고 싶으면 지영 씨한테   .

안녕하세요? 저는 후엔입니다. 베트남 사람입니다. 저는 한국을 아주 좋아합니다. 그래서 한국에 왔습니다. 요즘 한국어도 배우고 한국 친구도 만납니다. 아주 재미있습니다. 여러분도 한국을 좋아합니까? 그러면 이렇게 해 보세요.

① 한국 음식 ➜ 맛있는 한국 음식을 한번 먹어 보세요   .

② 한국 영화/드라마 ➜   .

③ 한국 춤 ➜   .

④ 한국 노래 ➜   .

⑤ 한국 화장품 ➜   .

5 V-아/어 주다 'offering a favor or askng a favor'

- 한국어가 어려워요. 좀 가르쳐 주세요.
- 한국 친구가 저에게 한국어를 가르쳐 줘요.
- 한국 친구가 저에게 한국 요리를 가르쳐 줬어요.

ㅏ, ㅗ	-아 주다	ㅓ,ㅜ,ㅡ,ㅣㅕ, ㅐ, ㅟ	-어 주다	-하	-해 주다
사/다	사 주다	가르치/다	가르쳐 주다	노래하/다	노래해 주다
찾/다	찾아 주다	만들/다	만들어 주다	청소하/다	청소해 주다
돕/다	도와주다	듣/다	들어 주다	요리하/다	요리해 주다
	'ㅂ'→오		'ㄷ'→ㄹ		

☑ 주의

- 도와주세요 informal polite style = 도와주십시오 formal polite style
- 도와주세요 = 좀 도와주세요. ※ '좀 도와 주세요' is more gentle
- 친구가 저에게 도와줍니다. × → 친구가 저를 도와줍니다. ○ ※ N에게 돕다 ×

- 방을 깨끗해 주세요. × 깨끗하다 (A) ➡ 방을 청소해 주세요 ○
- (민수 씨), (저에게) 한국어를 가르쳐 주세요. – 명령문 Imperative sentence
- 저는 민수 씨에게 한국어를 가르쳐 줍니다/줬습니다. – 평서문 Declarative sentence

✎ 연습 1

		-아/어 주다 + ㅂ니다				-아/어 주다 + 아/어요
1.	읽/다	읽어 줍니다		6.	말하/다	말해 줘요
2.	찍/다			7.	빌리/다	
3.	바꾸/다			8.	쓰/다	
4.	그리/다			9.	놀/다	
5.	예약하/다			10.	운전하/다	

V –아/어 주다	유미 씨가 미나 씨에게 한국 음식을 만들어 줍니다 /줬습니다.
V –아/어 드리다	유미 씨가 할머니께 한국 음식을 만들어 드립니다/드렸습니다.
V –아/어 주시다	할머니께서 유미 씨에게 한국 음식을 만들어 주십니다 /주셨습니다.

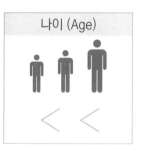

A = B	A < B	A > B
A가 B에게 -아/어 주다	A가 B께 -아/어 드리다	A께서 B에게 -아/어 주시다

✐ 연습 2

| 보기 | 바꾸다   사다   빌리다   읽다   노래하다
 돕다   만들다   쓰다   가르치다   말하다 | + | -아/어 주세요
 -아/어 주다
 -아/어 드리다/주시다 |

① 이 옷이 좀 큽니다. 좀   <u>바꿔 주세요</u>   .

② 동생이 할머니께 책을 _____ .

③ 후엔 씨는 노래를 잘하지요? 제 생일 파티에 와서 _____ .

④ 그 이야기를 아세요? 알면 좀 _____ .

⑤ 저는 요즘 미아 씨에게 태권도를 _____ .

⑥ 어머니께서 저에게 맛있는 김치를 _____ .

⑦ 할아버지께서 편지를 쓸 수 없습니다. 그래서 제가 _____ .

⑧ 지금 한국어 책이 없어요. 집에 있어요. 책 좀 _____ .

⑨ 친구가 혼자 이사해야 해요. 그래서 제가 친구를 _____ .

⑩ 제 생일에 아버지께서 저에게 가방을 _____ .

🖊 연습 3

보기	듣다, 가르치다, 기다리다, 사다, 만들다	+	-아/어 주다

 미나 씨는 저의 친한 친구입니다. 미나 씨는 한국 사람입니다.

작년에 한국에 와서 미나 씨를 만났습니다. 미나 씨는 친절하고

마음이 따뜻한 사람입니다. 미나 씨는 항상 저를 도와줍니다.

① 미나 씨는 제 이야기를 잘 들어 줍니다.

②

③

④

⑤

🖊 연습 4

보기	청소하다, 요리를 하다, 빨래를 하다, 사다, 운전을 하다	+	-아/어 드리다

 요즘 우리 부모님은 아주 바쁘십니다. 그래서 주말에 부모님을

도와드렸습니다.

① 먼저 부모님의 방을 청소해 드렸습니다.

② 그리고 저는

③

④

⑤

6 V-(으)ㄹ까요? 'Shall we ~ ?' 'Why don't we ~ ?'

확인

- 주말에 같이 <u>게임할까요</u>?
- 시간 있으면 내일 같이 <u>영화 볼까요</u>?

받침 ○	-을까요?	받침 ×	-ㄹ까요?
먹/다	먹을까요?	가/다	갈까요?
찾/다	앉을까요?	사/다	볼까요?
듣/다	들을까요?	여행하/다	여행할까요?
	'ㄷ'→'ㄹ' + '으'		

'ㄹ' 받침	-까요?		
만들/다	만들 + 을까요? → 'ㄹ' 받침 + '으' ×	만들 + ㄹ까요? → 'ㄹ'+'ㄹ' → 'ㄹ'	만들까요?

☑ 주 의	▪ 우리 같이 영화 볼까요? = 우리 영화 볼까요? = 같이 영화 볼까요? ▪ 민수 씨는 같이 영화 볼까요? × ➜ 민수 씨, 우리 같이 영화볼까요? ○
	▪ 우리 예쁠까요? × ➜ 예쁘다 (A) ▪ 주말에 같이 영화 안 볼까요? × ➜ ~ 보지 말까요? ○

연습 1

		-(으)ㄹ까요?				-(으)ㄹ까요?
1.	타/다	탈까요?		6.	찍/다	
2.	걷/다*			7.	살/다*	
3.	읽/다			8.	마시/다	
4.	사귀/다			9.	놀/다*	
5.	만나/다			10.	축구하/다	

안녕하세요? 지영 씨~ 저는 제니예요. 요즘 잘 지내고

있어요? 저는 지난주에 시험이 있어서 바빴어요. 이제 시험이

끝나서 시간이 있어요. 지영 씨도 시험이 끝났지요? 지영 씨가 보고 싶어요.

혹시, 주말에 시간이 있어요? 시간이 있으면 우리 같이

① 영화 ➡ 학교 근처에 있는 영화관에 가서 영화를 볼까요?

② 카페 ➡

③ 식당 ➡

④ ? ➡

제니 씨 안녕하세요? 지영이에요. 잘 지내고 있지요?

저는 방학을 기다리고 있어요. 방학하면 제가 좋아하는 일을 많이

할 거예요. 저는 여행을 좋아해요. 제니 씨도 여행을 좋아하지요? 같이 여행하면

아주 재미있을 거예요. 우리 같이 여행을 준비해요.

① 우리 어디로 여행을 갈까요?	(어디로)
②	(언제)
③	(어디에서)
④	(무엇)
⑤	(무슨 + N)
⑥	(어떤 + N)

7 V-(으)러 가다[오다] 'to go/come in other to'

- 오후에 공부하러 도서관에 갈 겁니다.
- 점심을 먹으러 학생 식당에 갔습니다.

받침 ○	-으러 가다 / 오다
먹/다	먹으러 가다
찾/다	찾으러 가다
읽/다	읽으러 가다
듣/다	들으러 가다
('ㄷ'→'ㄹ') + '으'	

받침 ×, 'ㄹ' 받침	-러 가다 / 오다	
마시/다	마시러 가다	
만나/다	만나러 가다	
놀/다	놀러 가다	놀으러 ×
만들/다	만들러 가다	만들으러 ×

☑ 주 의	■ 점심을 먹었으러 식당에 갔습니다. × ➡ 먹으러
	■ 오후에 공부하겠으러 도서관에 갈 겁니다. × → 공부하러
	■ 저는 도서관에 가러 갑니다. × ※가다/오다 + (으)러 가다 ×
	■ 유진 씨가 공부하러 나미 씨가 도서관에 갑니다. ×
	■ 민수 씨는 친구를 만나러 전화합니다. ×
	민수 씨는 친구를 만나러 카페에 갑니다. ○
	■ 배가 고프러 식당에 갑니다. × / 밥을 먹으러 식당에 갑니다. ○
	<u>A</u>

		-(으)러 가다 + ㅂ니다			-(으)러 가다 + 아/어요
1.	찍/다	찍으러 갑니다	6.	타/다	타러 가요
2.	사/다		7.	놀다	
3.	보/다		8.	돕/다	
4.	배우/다		9.	보내/다	
5.	씻/다		10.	쇼핑하/다	

연습 2

보기				

① 저는 돈을 찾으러 은행에 갑니다. (갔습니다 / 갈 겁니다)

②

③

④

⑤

⑥

⑦

⑧

연습 3

보기	배가 고프다, 게임하다, 운동하다, 라면을 사다, 피곤하다, 심심하다 밥을 먹다, 빵을 사다, 날씨가 좋다, 빵이 먹고 싶다, 라면이 없다, 쉬다

	-(으)러 갑니다	-아/어서 갑니다
① 왜 식당에 갑니까?	밥을 먹으러 갑니다.	배가 고파서 갑니다.
② 왜 집에 갑니까?		
③ 왜 PC방에 갑니까?		
④ 왜 마트에 갑니까?		
⑤ 왜 공원에 갑니까?		
⑥ 왜 빵집에 갑니까?		

8 V-(으)려고 하다 'intend to'

- 저는 이번 방학에 여행을 <u>하려고 합니다.</u>
- 유미 씨는 내일 친구를 만나서 밥을 <u>먹으려고 합니다.</u>

받침 ○	-으려고 하다	받침 ×, 'ㄹ' 받침	-려고 하다
먹/다	먹으려고 하다	보/다	보려고 하다
입/다	입으려고 하다	마시/다	마시려고 하다
읽/다	읽으려고 하다	만나/다	만나려고 하다
듣/다	들으려고 하다	살/다	살려고 하다
	('ㄷ'→'ㄹ') + '으'		'ㄹ' 받침 + '으' ×

주의

- 점심을 먹었으려고 했습니다. × ➡ 먹으려고 했습니다.
- 점심을 먹겠으려고 합니다. × ➡ 먹으려고 합니다.

- 점심을 먹으려고 하세요. ×
- 점심을 먹으려고 합시다. ×
- 저는 <u>예쁘려고</u> 합니다. × 예 아프려고 하다 ×, 좋으려고 하다 ×, 추우려고 하다 ×
      A
- 저는 회사원이려고 합니다/회사원이 아니려고 합니다. ×

연습 1

		-(으)려고 하다 + ㅂ니다				-(으)려고 하다 + 아/어요
1.	타/다	타려고 합니다	6.	읽/다		읽으려고 해요
2.	신/다		7.	빌리/다		
3.	열/다		8.	사귀/다		
4.	찾/다		9.	초대하/다		
5.	바꾸/다		10.	일어나/다		

의도 (intention)

01
① 다리가 아픕니다. •
② 돈이 없습니다. •
③ 친구가 보고 싶습니다. •
④ 아침에 약속이 있습니다. •
⑤ 내일 시험이 있습니다. •

• 아르바이트를 하려고 합니다.
• 병원에 가려고 합니다.
• 일찍 일어나려고 합니다.
• 도서관에서 공부하려고 합니다.
• 친구를 만나려고 합니다.

의도 (intention)

02
① 내일 데이트를 합니다.   그래서→   같이 영화를 보려고 합니다.
② 시험이 끝났습니다.
③ 요즘 시간이 많습니다.
④ 요즘 피곤합니다.   −지 않으려고 하다
⑤ 요즘 돈이 없습니다.   −지 않으려고 하다

과거의 의도 (intention)

03
① **여행을 하려고 했습니다.**   그런데→   하지 못 했습니다.
②   그런데   먹지 못했습니다.
③   그런데   하지 못 했습니다.
④   그런데   가지 못 했습니다.
⑤   그런데   읽지 못 했습니다.
⑥   그런데   찍지 못 했습니다.
⑦   그런데   쓰지 못 했습니다.

9 V-(으)ㄹ게요 'I will (do)'

- 내일부터 열심히 공부할게요.
- 다음에는 늦지 않을게요.

받침 ○	-을게요
먹/다	먹을게요
찍/다	찍을게요
듣/다	들을게요
	'ㄷ' → 'ㄹ' + '으'

받침 ×	-ㄹ게요
가/다	갈게요
오/다	올게요
사/다	살게요

'ㄹ' 받침	– 게요		
만들/다	만들 + 을게요 → 'ㄹ'받침 + '으' ×	만들 + ㄹ게요 → 'ㄹ'+'ㄹ' → 'ㄹ'	만들게요

주의

- 기다릴게요 informal polite style = 기다리겠습니다. formal polite style
  - 예 늦지 않을게요 = 늦지 않겠습니다.
- 우리 친절할게요. × ➡ 친절하다 (A)
- 제가 [내가/우리가] 읽을게요. ○
- 민수 씨가 책을 읽을게요. × 여러분이 책을 읽을게요. ×

연습 1

		V -(으)ㄹ게요
1.	보/다	볼게요
2.	타/다	
3.	찾/다	
4.	있/다	
5.	빌려주/다	

		V -(으)ㄹ게요
6.	읽/다	
7.	보내/다	
8.	드리/다	
9.	준비하/다	
10.	도와주/다	

보기	가다, 잘 듣다, 하다, 보지 않다 늦지 않다	+	-(으)ㄹ게요

 선생님, 안녕하세요? 저 뚜안이에요. 지난주에 아파서 학교에도

못 가고 숙제도 못했어요. 정말 죄송합니다.

내일부터 ❶ 학교에 꼭 (갈게요). 그리고 ❷ 숙제도 꼭 (   ).

또 수업 시간에 자주 늦어서 죄송합니다. 내일부터 ❸ (

). 그리고 그동안 수업 시간에 친구와 이야기하고 선생님 말도

잘 듣지 않았습니다. 지금부터 ❹ (   ). 또 하나 있습

니다. ❺ 수업시간에 휴대폰을 (   ). 휴대폰을 많이

봐서 죄송합니다.

?	+	-(으)ㄹ게요

① ○○ 씨가 친구에게	" 이따가 오후에 전화할게요 "
② 아이가 어머니께	" "
③ 직원이 사장님께	" "
④ 환자가 의사에게	" "
⑤ 가수가 팬에게	" "
⑥ 남자 친구가 여자 친구에게	" "

라고 약속했어요.

01   V-(으)ㄹ게요   Promise a listener

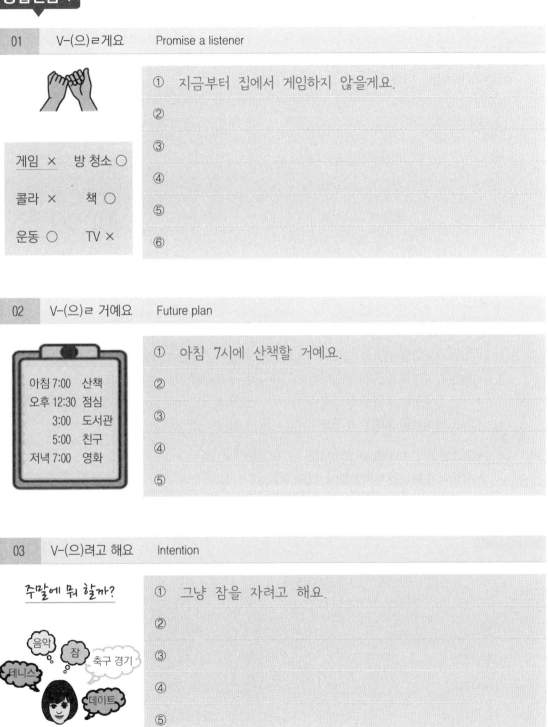

게임 ×   방 청소 ○

콜라 ×   책 ○

운동 ○   TV ×

① 지금부터 집에서 게임하지 않을게요.

②

③

④

⑤

⑥

02   V-(으)ㄹ 거예요   Future plan

아침 7:00   산책
오후 12:30 점심
      3:00   도서관
      5:00   친구
저녁 7:00   영화

① 아침 7시에 산책할 거예요.

②

③

④

⑤

03   V-(으)려고 해요   Intention

주말에 뭐 할까?

음악   잠
테니스   축구 경기
데이트

① 그냥 잠을 자려고 해요.

②

③

④

⑤

10 V-(으)ㄹ 수 있다[없다] 'can / cannot'

- 저는 한국말을 <u>할 수 있습니다.</u>
- 지금은 바빠서 전화를 <u>받을 수 없습니다.</u>

받침 ○	-을 수 있다 / 없다		받침 ×	-ㄹ 수 있다 / 없다
먹/다	먹을 수 있다/없다		가/다	갈 수 있다/없다
찾/다	찾을 수 있다/없다		사/다	살 수 있다/없다
듣/다	들을 수 있다/없다		빌리/다	빌릴 수 있다/없다
	'ㄷ'→'ㄹ' + '으'			

만들/다 ('ㄹ' 받침)	만들 + 을 수 있다 → 'ㄹ' 받침 + '으' ×	만들 + ㄹ 수 있다 → 'ㄹ'+'ㄹ' → 'ㄹ'	만들 수 있다 / 없다

☑ 주의
- 저는 한국어를 읽을 수 없습니다 = 저는 한국어를 <u>읽지 못합니다.</u>
- 저는 한국어를 읽을 수 못합니다. × → 저는 한국어를 읽을 수 없습니다. ○
- 저는 한국어를 읽었을 수 있습니다. × → 읽을 수 있습니다. ○ → 읽을 수 있었습니다. ○
- 저는 한국어를 읽겠을 수 있습니다. × → 읽을 수 있습니다. ○
- 청소를 하면 깨끗할 수 있습니다. × ➡ 깨끗하다 (A)
- 열심히 공부하면 대학생일 수 있습니다. × → N이다 ×

연습 1

		-(으)ㄹ 수 있다 + 습니다			-(으)ㄹ 수 없다 + 어요
1.	읽/다	읽을 수 있습니다	6.	치/다	칠 수 없어요
2.	열/다		7.	찍/다	
3.	닫/다		8.	걷/다*	
4.	춤추/다		9.	그리/다	
5.	보내/다		10.	가르치/다	

✍ 연습 2

보기					

① 저는 기타를 칠 수 있어요 / 없어요   ⑥

② _____   ⑦

③ _____   ⑧

④ _____   ⑨

⑤ _____   ⑩

✍ 연습 3

		-(으)면 -(으)ㄹ 수 있다 / 없다
①	시간 / 없다	시간이 없으면 친구를 만날 수 없습니다.
②	돈 / 많다	
③	날씨 / 안 좋다	
④	친구 / 있다	

11 V-(으)세요 '(Please) Do~'

- 시간이 있으면 우리 집에 놀러 오세요.
- 어려운 일이 있으면 저에게 전화하세요.

받침 ○	-으세요
읽/다	읽으세요
찾/다	찾으세요
듣/다	들으세요
	'ㄷ' → 'ㄹ' + '으'

받침 ×, 'ㄹ' 받침	-세요
보/다	보세요
주/다	주세요
살/다	사세요

만들/다 ('ㄹ' 받침)	만들 + 으세요 → 'ㄹ' 받침 + '으' ×	만들 + 세요 → 'ㄹ' × → 'ㅅ'	만드세요

주의	■ 책을 읽으세요 = 책을 읽으십시오. – 격식체 formal polite style -(으)십시오 ■ 항상 건강하고 예쁘세요. ➡ 예쁘다 (A) × ※ 기쁘세요, 좋으세요 × ※ 건강하세요 ○ 행복하세요 ○ 조용하세요 ○ ■ 먹으세요 / 마시세요 × ➡ 드세요 / 드십시오 ○ ■ 자세요 × → 주무세요 / 주무십시오 ○ 여기에 있으세요 × ➡ 여기에 계세요 / 계십시오 ○ ■ 나중에 한국어 선생님이세요. × ➡ ~선생님이 되세요. ○

연습 1

		-(으)세요				-(으)십시오
1.	사/다	사세요	6.	씻/다	씻으십시오
2.	웃/다		7.	받/다	
3.	걷/다		8.	놀/다	
4.	팔/다		9.	마시/다	
5.	노래하/다		10.	운동하/다	

◈ 연습 2

보기	준비하다	배우다	가다	타다	먹다	+	-(으)세요
	오다	공부하다	보다	사다	운동하다		-(으)십시오

① 내일은 비가 옵니다. 우산을 _____준비하세요 / 준비하십시오_____ .

② 다음 주에 시험이 있습니다. 열심히 _____ .

③ 오늘 맛있는 요리를 했습니다. 우리 집에 _____ .

④ 그 식당은 비빔밥이 맛있습니다. 비빔밥을 _____ .

⑤ 그 옷이 싸고 예쁩니다. 그 옷을 _____ .

⑥ 지하철이 빠르고 편합니다. 지하철을 _____ .

⑦ 오늘은 날씨가 좋습니다. 공원에 가서 _____ .

⑧ 한국어가 쉽고 재미있습니다. 한국어를 _____ .

⑨ 그 영화가 너무 재미있습니다. 그 영화를 _____ .

⑩ 학교 도서관이 조용하고 깨끗합니다. 공부하고 싶으면 도서관에 _____ .

◈ 연습 3

		-(으)면	-(으)세요 / -(으)십시오
①	주말 / 심심하다	주말에 심심하면 이 영화를 보세요 / 보십시오.	
②	다리 / 아프다		
③	감기 / 걸리다		
④	내일 / 시험 / 있다		
⑤	한국 / 가다[오다]		
⑥	날씨 / 춥다		
⑦	한국어 / 모르다		

V-지 마세요 'Don't do~'

- 아프면 운동<u>하지 마세요</u>.
- <u>걱정하지 마세요</u>. 저는 잘 지내고 있어요.

받침 ○	-지 마세요	받침 ×	-지 마세요
먹/다	먹지 마세요	보/다	보지 마세요
찍/다	찍지 마세요	피우/다	피우지 마세요
듣/다	듣지 마세요	기다리/다	기다리지 마세요
울/다	울지 마세요	운동하/다	운동하지 마세요

주의

- 걱정하지 마세요. = 걱정하지 마십시오. – 격식체 formal polite style –지 마십시오

- 선생님은 걱정하지 마세요. ??   ※선생님께 직접 이야기할 때 '선생님~'은 어색합니다
- 선생님, 걱정하지 마세요. ○   걱정하지 마세요. ○

- 슬프지 마세요. 슬프다 (A) ?? 시끄럽지 마세요 ×   힘들지 마세요 ×
  ※ 아프지 마세요 ○
- 여기에 있지 마세요 → 여기에 계시지 마세요 (높임말)
  여기에 없지 마세요 ×

연습 1

		-지 마세요			-지 마십시오.
1.	가/다	가지 마세요	6.	읽/다	읽지 마십시오
2.	타/다		7.	쓰/다	
3.	자/다		8.	마시/다	
4.	놀/다		9.	싸우/다	
5.	수영하/다		10.	전화하/다	

✐ 연습 2

보기					

① 음식을 먹지 마세요.　　　　　　⑥

② 　　　　　　　　　　　　　　　⑦

③ 　　　　　　　　　　　　　　　⑧

④ 　　　　　　　　　　　　　　　⑨

⑤ 　　　　　　　　　　　　　　　⑩

✐ 연습 3

보기	신고 오다　　하다　　늦다　　혼자 오다　　운전하다 이야기하다　　쓰다　　들어오다　　만들다　　샤워하다	+	-지 마세요

파티에 초대합니다. 주말에 시간이 있습니까? 재미있는 파티가 당신을 기다리고 있습니다.
하지만 ❶　　　혼자 오지 마세요　　. 친구하고 같이 오세요. 그리고 술을 마시고 싶으면
❷ 　　　　　　　　　　　　　　. 운동화를 ❸ 　　　　　　　　　　　　　.
그리고 모자를 ❹ 　　　　　　　　　. 파티는 7시에 시작합니다. ❺
　　　　. 감사합니다.

여기는 기숙사입니다. 학생들이 같이 살고 있습니다. 이렇게 하지 마세요.
파티를 ❻ 　　　　　　　　　. 그리고 방에서 음식을 ❼ 　　　　　　　　　.
욕실에서 너무 오래 ❽ 　　　　　　　　　　. 밤에 친구와 전화로 크게
❾ 　　　　　　　　　　　　. 다른 친구들이 공부할 수 없습니다. 너무 늦게
❿ 　　　　　　　　　　　. 다른 친구들이 잘 수 없습니다.

A/V-지요? '~, right ?' 'Please tell me ~'

- 한국어 수업이 재미있<u>지요</u>?
- 마이 씨는 어느 나라에서 왔<u>지요</u>?

받침 ○	-지요?
찍/다	찍지요?
듣/다	듣지요?
울/다	울지요?
끝났/다	끝났지요?

받침 ×	-지요?
보/다	보지요?
기다리/다	기다리지요?
운동하/다	운동하지요?
피곤하/다	피곤하지요?

주의
- 민수 씨가 요즘 바쁘지요? – 확인
- 민수 씨가 요즘 왜 바쁘지요? – 질문
- 어제 숙제가 있었지요? ○　　내일도 숙제가 있겠지요? ○
- 그 사람은 학생이지요? ○ → N이지요? N지요? (※친구지요? ○)
- 그 사람은 학생이 아니지요? ○ → N이/가 아니지요?

연습 1

		-지요?
1.	쓰/다	쓰지요?
2.	있/다	
3.	모르/다	
4.	힘들/다	
5.	친구이/다	

		-지요?
6.	왔/다	왔지요?
7.	다니/다	
8.	싸웠/다	
9.	쉬겠/다	
10.	아니/다	

① 왕명 / 중국 사람이에요 → 왕명 씨가 중국 사람이지요?

② 아이 / 귀여워요 →

③ 시험 / 끝났어요 →

④ 지영 / 딸기 / 좋아해요 →

⑤ 어제 / 비 / 왔어요 →

⑥ 나연 씨 / 예뻐요 →

⑦ 아르바이트 / 힘들어요 →

⑧ 후엔 / 한국 노래 / 들어요 →

⑨ 미아 / 한국 드라마 / 봐요 →

⑩ 민수 / 요즘 / 바빠요 →

⚗ 연습 3

보기	언제 어디에	누가 어디에서	뭐 어떻게	왜 무슨 + N	언제부터 어떤 + N	+	-지요?
① 학생이 선생님께	"	언제 시험을 보지요?			"		
② 선생님이 학생에게	"				"		
③ 외국 친구에게	"				"		라고 물었어요.
④ 친구에게	"				"		
⑤ 요리사에게	"				"		
⑥ 손님이 직원에게	"				"		
⑦ 의사가 아픈 사람에게	"				"		

Ⅲ 문장 연결 표현하기

준비하기

기본형 Basic form	어간 Stem	연결어미 Conjunctive ending		
먹/다 ➡ 먹		-고 +	A / V	or Sentence

V (동사)	먹고	먹지만	먹어서	먹으면	먹으면서
A (형용사)	좋고	좋지만	좋아서	좋으면	×
N이다 N이/가 아니다	N(이)고 ~ 아니고	N(이)지만 ~ 아니지만	N이어서/여서 ~ 아니어서	N(이)면 ~ 아니면	×
있다 / 없다	있[없]고	있[없]지만	있[없]어서	있[없]으면	×

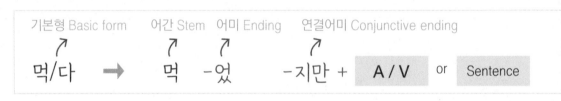

기본형 Basic form   어간 Stem   어미 Ending   연결어미 Conjunctive ending

먹/다 ➡ 먹 -었 -지만 + A / V or Sentence

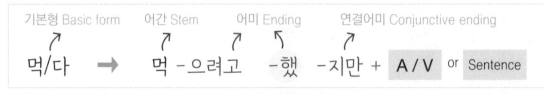

기본형 Basic form   어간 Stem   어미 Ending   연결어미 Conjunctive ending

먹/다 ➡ 먹 -으려고 -했 -지만 + A / V or Sentence

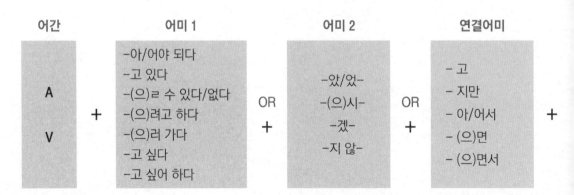

어간	어미 1		어미 2		연결어미	
A V	+	-아/어야 되다 -고 있다 -(으)ㄹ 수 있다/없다 -(으)려고 하다 -(으)러 가다 -고 싶다 -고 싶어 하다	OR +	-았/었- -(으)시- -겠- -지 않-	OR +	-고 -지만 -아/어서 -(으)면 -(으)면서	+

예시

Step 1			
A/V + 연결어미	저는 아침을	먹고	커피를 마셨습니다.
	오늘은 눈이	오고	춥습니다.
	김치가 조금	맵지만	맛있습니다.
	저는 배가	아파서	저녁을 먹지 않았습니다.
	내일 비가	오면	등산을 가지 않을 겁니다.
	민호 씨는 음악을	들으면서	숙제를 합니다.

Step 2			
A/V + 어미 2 + 연결어미	주말에 아버지는	청소를 하시고	어머니는 빨래를 하십니다.
	오늘은 아침을	먹었지만	어제는 먹지 않았습니다.
	머리가 많이	아프시면	병원에 가야 합니다.
	내일은 날씨가	춥겠지만	산책을 하려고 합니다.
	학교에	가시면	선생님을 만날 수 있습니다.

Step 3			
A/V + 어미 1 + 연결어미	숙제를	해야 돼서	드라마를 못 봤습니다.
	친구는 커피를	마시고 있고	저는 책을 읽고 있습니다.
	지금 수업을	하고 있어서	전화를 받을 수 없습니다.
	한국말을	할 수 있으면	한국 회사에서 일할 수 있습니다.
	친구가 게임을	하고 싶어 하지만	할 수 없습니다.

Step 4			
A/V + 어미 1 + 어미 2 + 연결어미	저는 오늘 아침을	먹으려고 했지만	바빠서 먹지 못 했습니다.
	어제는 친구와 밥을	먹으러 갔고	오늘은 차를 마시러 갑니다.
	수업이 끝나고 친구를	만나러 갔지만	친구가 없었습니다.
	아르바이트를	할 수 있었지만	하지 않았습니다.
	지난 방학에 여행을	가고 싶었지만	아파서 가지 못 했습니다.
	부모님이	보고 싶으시면	지금 전화해 보세요.
	어머니께서 고향에	가고 싶어 하시면	같이 고향으로 갈 겁니다.

1 A/V -고

1 V –고 V (순서) 'and (then)'

- 숙제를 하고 잤습니다.
- 점심을 먹고 차를 마셨습니다.

받침 ○	-고	
읽/다	읽고	읽하고, 읽어고 ×
듣/다	듣고	들하고, 들어고 ×
만들/다	만들고	만들하고, 만들어고 ×

받침 ×	-고	
보/다	보고	보하고, 봐고 ×
마시/다	마시고	마시하고. 마셔고 ×
숙제하/다	숙제하고	숙제해고 ×

선 → 후	밥을 먼저?	물을 먼저?
V① → V②	밥을 먹다 / 그 후에 / 물을 마시다	물을 마시다 / 그 후에 / 밥을 먹다
V –고 V	밥을 먹고 물을 마십니다.	물을 마시고 밥을 먹습니다.

주의
- 저는 어제 숙제를 했고 잤습니다. × → 하고 ※ 하겠고 × → 하고
- 저는 청소하고 저는 빨래했습니다. → 저는 청소하고 빨래했습니다.
- 저는 백화점에 가고 옷을 샀습니다. × → 가서 ※p.152 참고
- 저는 청소하고 깨끗합니다. × → 깨끗하다 (A)

연습 1

		-고
1.	운동하/다	운동하고
2.	열/다	
3.	만나/다	
4.	받/다	
5.	배우/다	

		-고
6.	그리/다	
7.	씻/다	
8.	보내/다	
9.	쓰/다	
10.	입/다	

✎ 연습 2

무엇을 먼저?	
쉬다 / 숙제하다	① 저는 숙제를 하고 쉽니다.
물을 마시다 / 운동하다	②
정리하다 / 공부하다	③
이를 닦다 / 세수하다	④
과일을 먹다 / 밥을 먹다	⑤
커피를 마시다 / 일을 하다	⑥
양말을 신다 / 바지를 입다	⑦
소설을 읽다 / (그) 영화를 보다	⑧
좋은 것을 쓰다 / 나쁜 것을 쓰다	⑨
힘든 일을 하다 / 쉬운 일을 하다	⑩

✎ 연습 3

손을 씻다 빨래하다 일하다 샤워하다 TV를 보다 운동하다 자다 청소하다 쉬다 게임하다 마시다 음악을 듣다 숙제하다 밥을 먹다	① 저는 운동하고 샤워합니다.
	②
	③
	④
	⑤
	⑥
	⑦
	⑧

2 A/V -고 (나열) 'and'

- 이 책은 쉽고 재미있습니다.
- 주말에 책을 읽고 청소하고 영화를 봤습니다.

	이 의자가 어때요/어떻습니까?	이 음식이 어때요/어떻습니까?
A① + A②	싸다 / 그리고 / 편하다	맵다 / 그리고 / 달다
A -고 A	싸고 편합니다.	맵고 답니다.

※ 이 백화점은 물건이 싸고 많이 삽니다. (A -고 V ×)

	커피숍에서 무엇을 합니까?	주말에 무엇을 합니까?
V① + V②	이야기하다 / 그리고 / 커피를 마시다	쉬다 / 그리고 / 영화를 보다
V -고 V	이야기하고 커피를 마십니다.	쉬고 영화를 봅니다.

※ 카페에서 친구와 이야기하고 재미있습니다. (V -고 A ×)

주의	■ 도서관은 깨끗했고 조용했습니다. × → ~ 하고
	■ 내일은 힘들겠고 바쁠 겁니다. × → ~ 힘들고
	■ 내일은 힘들고 바쁠 겁니다. × → ~ 힘들고 ※ N하고 N A/V-고 A/V
	■ 어제는 비가 왔고 추웠습니다. × → 어제는 비가 오고 추웠습니다. ○
	■ 어제는 춥고 오늘은 따뜻합니다. × → 어제는 추웠고 오늘은 따뜻합니다. ○

V -고 V (순서)	A/V -고 (나열)
V① $\xrightarrow{\text{다음에}}$ V② $\xrightarrow{\text{다음에}}$ V③ $\longrightarrow$	V① + V② + V③ + A① + A② + A③ +
영화를 보고 밥을 먹었습니다. ≠ 밥을 먹고 영화를 봤습니다.	영화를 보고 밥을 먹었습니다. = 밥을 먹고 영화를 봤습니다.
V -고 A ×	V -고 A, A -고 V ×
※ 일을 하고 바쁩니다 × 일을 하고 쉽니다 ○	※ 일을 하고 바쁩니다 / 바쁘고 일을 합니다 × 힘들고 바쁩니다 / 일을 하고 요리를 배웁니다 ○

	-고
	1. 이 책이 어렵고 재미없습니다.
	2. 이 식당 음식이
	3.
	4.
	5.
	6.

조용하다   바쁘다
어렵다
재미없다   깨끗하다
무겁다   맛있다
피곤하다   춥다   싸다
흐리다   불편하다

✎ **연습 2**

1. 어제 친구를 만났습니다. 친구를 만나서   커피를 마시고 이야기했습니다.

2. 어제 바지를 샀습니다. 그 바지가

3. 저는 여행을 갔습니다. 여행을 가서

4. 오늘 학교에 갑니다. 학교에 가서

5. 어제 공원에 갔습니다. 공원에 가서

6. 내일은 주말입니다. 그래서

7. 저는 매일 아침

✎ **연습 3**

보기	예쁘다, 친절하다, 멋있다, 재미있다, 똑똑하다, 착하다, 마음이 따뜻하다

1. 미영 씨는 예쁘고 똑똑합니다.

2.

3.

3 N을/를 타고 (교통) 'by (transportation)'

- 버스를 <u>타고</u> 학교에 갔습니다.
- 자전거를 <u>타고</u> 제주도를 여행하고 싶습니다.

☑️ 주의	■ 버스를 탔고 학교에 갔습니다. × → 타고
	■ 자전거를 타겠고 여행할 겁니다. × → 타고
	■ 저는 매일 걷고 학교에 갑니다. × → ~ 걸어서

✎ 연습 1   여러분은 무엇을 타고 어디에 갑니까?

① 저는 버스를 타고 학교에 갑니다 / 갔습니다 / 갈 겁니다 / 가고 싶습니다 …

② _____

③ _____

④ _____

⑤ _____

⑥ _____

⑦ _____

⑧ _____

⑨ _____

⑩ _____

종합 연습 1

N이/가, 저는, ○○ 씨는	A/V-고 A/V
① ? / 매워요 + 달아요	이 음식이 맵고 달아요.
② ? / 다리가 아파요 + 배고파요	
③ ? / 영화를 봐요 + 이야기해요	
④ ? / 친구와 놀았어요 + 숙제를 했어요	
⑤ ? / 커피를 마셔요 + 책을 읽어요	
⑥ ? / 한국어를 배웠어요 + 태권도를 했어요	
⑦ ? / 예뻐요 + 편해요	
⑧ ? / 더워요 + 비가 와요	
⑨ ? / 시끄러워요 + 복잡해요	
⑩ ? / 한복을 입을 거예요 + 사진을 찍을 거예요	

종합 연습 2

여행을 했습니다. 어떻게 가고, 무엇을 하고, 무엇을 먹었습니까?　　　(A/V-고 A/V)

우리는 방학에 여행을 갔습니다. _____　　　을/를 타고 갔습니다.

2 A/V -지만 'but'

- 한국어 공부가 재미있지만 조금 어렵습니다.
- 저는 김치를 좋아하지만 친구는 안 좋아합니다.

받침 ○	-지만	
맵/다	맵지만	매워지만 ×
길/다	길지만	길어지만 ×
듣/다	듣지만	들어지만 ×
만들었/다	만들었지만	
추웠/다	추웠지만	

받침 ×	-지만	
보/다	보지만	봐지만 ×
마시/다	마시지만	마셔지만 ×
예쁘/다	예쁘지만	예뻐지만 ×
공부하/다	공부하지만	공부해지만 ×
기다리/다	기다리지만	기다려지만 ×

☑ 주의	■ 어제는 운동을 하지만 오늘은 안 했습니다. × → 했지만 ■ 어제는 춥지만 오늘은 안 춥습니다. × → 추웠지만 ■ 전화를 하지만 받지 않았습니다. × → 했지만
	■ 이 옷은 비싸지만 이 옷은 예쁩니다. ?? → 이 옷은 비싸지만 예쁩니다. ■ 운동화가 편하지만 구두가 불편합니다. ?? → 운동화는 편하지만 구두는 불편합니다.

연습 1

		-지만
1.	많/다	많지만
2.	힘들/다	
3.	어렵/다	
4.	작/다	
5.	나빴/다	
6.	이/다	

		-지만
7.	바쁘/다	
8.	갔/다	
9.	비싸/다	
10.	더웠/다	
11.	재미없/다	
12.	아니/다	

지하철 그 음식 방 아르바이트	이/가	작다 힘들다 복잡하다 비싸다	지만	재미있다 편리하다 깨끗하다 맛있다
(저) ○○씨 제 동생, 제 친구 ...	은/는	약을 먹었다 친구가 많다 전에는 김치를 싫어했다 외국 학생이다	지만	지금은 좋아하다 한국말을 잘한다 자주 만나지 않다 지금도 아프다

① 지하철이 복잡하지만 편리합니다 / 편리해요.

②

③

④

⑤

⑥

⑦

⑧

N은/는 _____ 지만	N은/는 _____

① 저는 수영을 잘하지만 유미 씨는 수영을 잘 못합니다.   (잘하다 / 잘 못하다)

② 어제는 더웠지만   (덥다 / 시원하다)

③   (비싸다 / 싸다)

④   (맛있다 / 맛없다)

⑤   (쉽다 / 어렵다)

⑥   (크다 / 작다)

⑦   (길다 / 짧다)

1 V -아/어서 V (순서) 'and (then)'

- 백화점에 가서 쇼핑을 하고 싶습니다.
- 주말에 친구를 만나서 영화를 봤습니다.

ㅏ, ㅗ	-아서
가/다	가서
오/다	와서
만나/다	만나서

ㅓ, ㅜ, ㅡ, ㅣ ㅕ, ㅐ, ㅟ	-어서
만들/다	만들어서
그리/다	그려서
쓰/다	써서

-하	-해서
요리하/다	요리해서
예매하/다	예매해서
초대하/다	초대해서

주의

- 수미 씨는 백화점에 갔어서 옷을 샀습니다. × ➡ 가서
- 수미 씨는 백화점에 가겠어서 옷을 살 겁니다. × ➡ 가서

- 마트에 가고 우유를 샀습니다 / 학교에 가고 공부했습니다. × ➡ 가서
- 친구를 만나고 영화를 봤습니다. × ➡ 만나서
- 아침에 일어나고 운동했습니다. × ➡ 일어나서
- 버스에서 내리고 걸었습니다. × ➡ 내려서
  ※ 버스를 타서 시장에 갔습니다. × ➡ 타고
- 저는 백화점에 가서 동생은 옷을 샀습니다. ×   ※앞, 뒤가 주어가 다르면 안 됩니다.

		-아/어서
1.	받/다	받아서
2.	찾/다	
3.	찍/다	
4.	사/다	
5.	씻/다	

		-아/어서
6.	내리/다	
7.	바꾸/다	
8.	빌리/다	
9.	건너/다	
10.	일어나/다	

✐ 연습 2 무엇을 했습니까? 그 다음에 어떻게 했습니까?

① 케이크를	만들어서	(만들다) ●	● 가족들과 같이 먹었습니다.
② 사진을		(찍다) ●	● 어머니께 드렸습니다.
③ 선물을		(사다) ●	● 파티를 했습니다.
④ 친구들을		(초대하다) ●	● 샐러드를 만들었습니다.
⑤ 아침에		(일어나다) ●	● 오른쪽으로 갔습니다.
⑥ 옷을		(정리하다) ●	● 친구들과 같이 봤습니다.
⑦ 과일을		(씻다) ●	● 옷장에 넣었습니다.
⑧ 길을		(건너다) ●	● 운동을 했습니다.

✐ 연습 3 어디에 갔습니까? 거기에서 무엇을 했습니까?

V1		V2	
마트 / 가다	→	우유 / 사다	① 마트에 가서 우유를 샀습니다.
? / 오다	→	쉬다	②
? / 가다	→	책 / 읽다	③
? / 가다	→	? / 만나다	④
? / 가다	→	? / 찍다	⑤

✐ 연습 4 누구를 만났습니까? 같이 무엇을 했습니까?

친구 / 만나다 / → ?	① 친구를 만나서 영화를 봤습니다.
선생님 / 만나다 / → ?	②
어머니 / 만나다 / → ?	③
좋아하는 사람 / 만나다 / → ?	④

V -아/어서 V (and then)	V -고 V (and then)
A　　　　　　B	A　　　　　　B
친구를 만나다　　영화를 보다	친구를 만나다　　영화를 보다
A to B　　　B needs A	A is only A　　B is only B
친구를 만나서 영화를 봤습니다. ○ 영화를 봐서 친구를 만났습니다. ×	친구를 만나고 영화를 봤습니다. ○ 영화를 보고 친구를 만났습니다. ○
어제 친구를 만났어서 영화를 봤습니다. × 내일 친구를 만나겠어서 영화를 볼 겁니다. ×	어제 친구를 만났고, 집에서 영화를 봤습니다. ○ 내일 친구도 만나겠고 영화도 보겠네요! ○
저는 친구를 만나서 유미 씨는 영화를 봤습니다. ×	저는 친구를 만나고 유미 씨는 영화를 봤습니다. ○

연습 5

	V -아/어서 V　　　　/　　　　V -고 V
1. 가다 → 배우다	저는 한국에 가서 한국 문화를 배우고 싶습니다.
2. 쓰다 → 보내다	
3. 먹다 → 마시다	
4. 사다 → 주다	
5. 만나다 → 놀다	
6. 만들다 → 같이 먹다	
7. 숙제하다 → 자다	
8. 음악/듣다 → 보다	
9. 빌리다 → 읽다	
10. 돈/찾다 → 사다	
11. 손/씻다 → 먹다	

❷ A/V −아/어서 (이유) 'because (of)' 'so~ that~'

확인

질문 Q	왜	약을 먹었습니까?
대답 A	머리가 아파서	약을 먹었습니다.

질문 Q	왜	한국에 왔습니까?
대답 A	한국어를 배우고 싶어서	한국에 왔습니다.

☑ 주의

- 저는 머리가 아팠어서 약을 먹었습니다. × ➡ 아파서
- 저는 머리가 아프겠어서 약을 먹을 겁니다. × ➡ 아파서

- 친구가 너무 바빠서 제가 도와줬습니다. ○
  영수 씨가 너무 바빠서 점심을 못 먹었습니다. ○

- 내일 시험이 있어서 열심히 공부합니다/공부했습니다. ○
- 내일 시험이 있어서 열심히 공부합니까?/공부했습니까? ○

- 내일 시험이 있어서 열심히 공부합시다. ×   ⎫ −아/어서 + −(으)ㅂ시다 ×
- 내일 시험이 있어서 열심히 공부하세요. ×   ⎬   −(으)세요 ×
- 내일 시험이 있어서 열심히 공부할까요? ×   ⎭   −(으)ㄹ까요? ×

✎ 연습 1

		−아/어서				−아/어서
1.	먹/다	먹어서		6.	울/다	
2.	예쁘/다			7.	맵/다	
3.	걷/다			8.	쉬/다	
4.	많/다			9.	마시/다	
5.	좋아하/다			10.	맛있/다	

연습 2

01   지금 행복합니까? 행복하지 않습니까? 왜 그렇습니까?

①   저는 친구가 많아서 행복합니다.

②

③

④

> 행복합니다
>
> 행복하지
> 않습니다

02   무엇을 못 했습니까? 왜 못 했습니까?

①   어제 너무 피곤해서 숙제를 못 했습니다.

②

③

④

> 못 했습니다

03   왜 시끄럽습니까? 왜 잠을 잘 수 없습니까?

①   친구가 노래를 해서 잠을 잘 수 없습니다.

②

③

④

⑤

⑥

⑦

> 시끄럽습니다
>
> or
>
> 잠을 잘 수
> 없습니다

종합 연습 1 맞으면 ○ 틀리면 × 하세요.

1. 어제 비가 왔어서 산책을 못 했습니다. (×)
2. 주말에는 청소를 해서 빨래를 할 겁니다. ( )
3. 저는 한국에 와서 김밥을 많이 먹었습니다. ( )
4. 내일 파티를 하겠어서 오늘 음식을 준비해야 합니다. ( )
5. 저는 어제 케이크를 사서 동생하고 같이 먹었습니다. ( )
6. 저와 동생이 케이크를 만들어서 부모님이 드셨습니다. ( )
7. 어제 눈이 많이 와서 친구는 스키를 타러 갔습니다. ( )
8. 친구가 다리가 아파서 내일 같이 병원에 가려고 합니다. ( )
9. 토요일에는 백화점에 사람이 많아서 월요일에 가세요. ( )
10. 저는 제주도에서 예쁜 사진을 많이 찍어서 부모님께 보낼 겁니다. ( )
11. 이 과일은 그냥 먹으면 안 됩니다. 꼭 씻어서 먹어야 됩니다. ( )
12. 이번 주말에 고향 친구가 한국에 와서 저는 아주 좋아합니다. ( )

종합 연습 2 보기에서 알맞은 것을 골라 쓰세요.

| 보기 | 만날 것이다 | 내리다 | 걸렸다 | 오지 않았다 | 하고 있었다 |
| | 잤다 | 만들다 | 초대할 것이다 | 살 것이다 | 그렸다 |

1.	주말에 친구를	만나서	같이 차를 마실 겁니다.
2.	아이가 그림을		친구에게 주었습니다.
3.	버스를 기다렸지만 버스가		택시를 탔습니다.
4.	민수 씨는 시계를		여자 친구에게 주려고 합니다.
5.	감기에		약을 먹어야 됩니다.
6.	소희 씨는 가방을		인터넷에서 팔고 있습니다.
7.	어제 너무 늦게		오늘 아침에 늦게 일어났습니다.
8.	내일 친구들을		파티를 할 겁니다.
9.	한국대학교 앞에서		버스를 갈아타야 합니다.
10.	수진 씨는 회의를		전화를 못 받았습니다.

A/V -(으)면 'If' 'When'

- 열심히 공부하면 한국말을 잘할 수 있습니다.
- 돈이 많으면 넓은 집을 사고 싶습니다.

받침 ○	-으면	
먹/다	먹으면	먹어면 ×
듣/다	들으면	들어면 ×
춥/다	추우면	추워면 ×

받침 ×, 'ㄹ' 받침	-면	
보/다	보면	봐면 ×
아프/다	아프면	아파면 ×
*힘들/다	힘들면	힘들어면 ×

- 약을 먹어요. 그러면 괜찮아요. → 약을 먹으면 괜찮아요.
- 비가 와요. 그러면 공원에 안 갈 거예요. → 비가 오면 공원에 안 갈 거예요.
- 술을 마셔요. 그러면 운전하지 마세요. → 술을 마시면 운전하지 마세요.
- 시험이 있어요. 그러면 열심히 공부해야 해요. → 시험이 있으면 열심히 공부해야 해요.

☑ 주의
- 미나 씨는 날씨가 좋았으면 여행을 갑니다. × → 좋으면
- 미나 씨는 날씨가 좋겠으면 여행을 갑니다. × → 좋으면
- 미나 씨는 날씨가 좋으면 여행을 갔습니다. × → 갑니다, 갈 겁니다
- 밥을 먹으면 식당에 갑니다. × → 밥을 먹고 싶으면 식당에 갑니다.
- 시험을 잘 보면 열심히 공부해야 합니다. × → 시험을 잘 보고 싶으면 ~

		-(으)면
1.	가/다	가면
2.	오/다	
3.	덥/다	
4.	쓰/다	
5.	만들/다	

		-(으)면
6.	나쁘/다	
7.	무겁/다	
8.	슬프/다	
9.	멀/다	
10.	받/다	

01 여러분은 언제 기분이 좋습니까? 쓰세요.

① 저는 음악을 들으면 기분이 좋습니다.

②

③

④

기분이
좋습니다

02 여러분은 언제, 누구에게 전화를 합니까? 쓰세요.

① 힘들고 아프면 어머니께 전화합니다.

②

③

___ 에게/께
전화합니다

03 무엇을 할 겁니까? 쓰세요.

수업이 끝나면

① 친구와 식당에 갈 겁니다.

②

③

04 무엇을 하고 싶습니까? 쓰세요.

돈이 많으면

① 부모님께 선물을 사 드리고 싶습니다.

②

③

05 보통 무엇을 합니까? 쓰세요.

기분이
안 좋으면

①

②

③

5 V -(으)면서 'While'

- 저는 음악을 들으면서 공부합니다.
- 유미 씨는 커피를 마시면서 책을 읽습니다.

받침 ○	-으면서	
먹/다	먹으면서	먹어면서 ×
듣/다	들으면서	들어면서 ×
읽/다	읽으면서	읽어면서 ×

받침 ×, 'ㄹ' 받침	-면서	
마시/다	마시면서	마셔면서 ×
보/다	보면서	봐면서 ×
살/다	살면서	살아면서 ×

V + V 같이				
V-(으)면서 V	팝콘을 먹으면서 영화를 봅니다.	기타를 치면서 노래합니다.	음악을 들으면서 커피를 마십니다.	차를 마시면서 이야기합니다.

주의
- 미나 씨는 음악을 들었으면서 공부했습니다. × ➡ ~ 들으면서
- 미나 씨는 음악을 듣겠으면서 공부할 겁니다. × ➡ ~ 들으면서

- 미나 씨는 음악을 들으면서 켈리 씨는 공부합니다. ×
- 미나 씨는 음악을 들으면서 공부합니다. ○

연습 1

		-(으)면서
1.	읽/다	읽으면서
2.	듣/다	
3.	만들/다	
4.	기다리/다	
5.	운전하/다	

		-(으)면서
6.	보/다	
7.	걷/다	
8.	울/다	
9.	춤추/다	
10.	전화하/다	

V		V	
( ) 을/를 먹다		( ) 을/를 읽다	-지 않다
( ) 을/를 마시다	같이	( ) 을/를 보다	-(으)ㄹ 수 있다/없다
( ) 을/를 기다리다		전화하다, 이야기하다	-고 있다
음악을 듣다, 노래하다		숙제하다, 게임하다	-았/었다
공부하다, 요리하다		아르바이트하다, 일하다	-(으)ㄹ 것이다
운전하다, 여행하다		청소하다, 샤워하다	
걷다, 웃다, 울다		사진을 찍다, 춤을 추다	

01   무엇을 같이 해요?

저는	① 저는 음악을 들으면서 숙제해요.
○○ 씨는	②
제 친구는	③
…	④

02   무엇을 같이 하지 않아요?

저는	① 저는 음악을 들으면서 책을 읽지 않아요.
○○ 씨는	②
제 친구는	③
…	④

03   여기는 공항입니다. 사람들은 비행기를 기다리면서 무엇을 합니까?

	① 사람들은 비행기를 기다리면서 음악을 듣습니다.
	②
	③
	④

IV 문장 유형별 쓰기

준비하기

문장 구조 Sentence Structure

01

Subject / Topic	A, V, 이다/아니다, 있다/없다
저는	요즘 너무 바쁩니다.
피곤한 지민 씨는	지금 집에서 쉽니다.
서울에 사는 제 친구는	한국대학교 학생입니다.
지금 노래하는 그 가수는	한국 가수가 아닙니다.
외국에서 공부하는 제 동생은	친구들이 많습니다.
태권도를 배우는 그 친구는	한국에 가고 싶어 합니다.

02

Subject / Topic	Object	V
저는	밥을	먹습니다.
지영 씨는	친구를	만났습니다.
우리 선생님은	한국어를	가르칩니다.
동생과 저는	부모님께 꽃을	드렸습니다.
친절한 지영 씨는	길을 모르는 사람을	도와줬습니다.
파티에 오는 사람들은	예쁘고 멋진 옷을	입을 겁니다.

03

Sentence	+	Sentence
저는 밥을 먹고		커피를 마셨습니다.
지영 씨는 배가 고파서		식당에 갔습니다.
한국어가 어렵지만		열심히 공부해야 합니다.
한국 친구를 사귀면		한국말을 잘할 수 있습니다.
조용한 음악을 들으면서		공부하고 싶습니다.

확인 2   조사 Particles

01   N이/가   N은/는   N을/를   N도 ...

Subject Case Marker   Object Case Marker

지영씨가 밥을 먹습니다.

누구?   무엇?

02   N에   N에서   N에게   N께   N(으)로   N과/와 ...

Time Case Marker   Location Case Marker

지영씨가 점심에 식당에서 밥을 먹습니다.

언제?   어디?

확인 3   문장 유형 Sentence Types

문장 유형 Sentence Types	예 Examples	격식체 Formal Polite Style 비격식체 Informal Polite Style
평서문 Declarative sentences	한국어를 배웁니다.	배웁니다 배워요
의문문 Interrogative sentences	한국어를 배웁니까?	배웁니까? 배워요?
명령문 Imperative sentences	한국어를 배우십시오.	배우십시오 배우세요
청유문 Propositive sentences	한국어를 배웁시다.	배웁시다 배워요
감탄문 Exclamatory sentences	한국어를 배우는군요!	배우는군요 배우네요

1-1. N은/는 N이다

1-2. N은/는 N이/가 아니다

1-3. 【 _____+N】은/는 【 _____+N】이다

1-4. N은/는 N이【 -고, -지만, -아/어서 】S + A/V

1-5. N은/는 N이/가 아니【 -고, -지만, -아/어서 】S + A/V

1-1 　 N은/는　N이다

- 우리 선생님은 한국 사람입니다.
- 이것은 책입니다.

	Subject / Topic				Formal	Informal
제 우리 N(의) :	N은/는	제 우리 N(의) :	N	이다	입니다	이에요/예요
					이었습니다	이었어요/였어요
					입니까?	이에요/예요?
					이었습니까?	이었어요/였어요?

예시

N / N이다

• 저 / 학생	저는　학생입니다 / 이에요.
• 제 이름 / 제임스	제　이름은　제임스입니다 / 이에요.
• 이것 / 지우개	이것은　지우개입니다 / 예요.
• 여기 / 도서관	여기는　도서관입니다 / 이에요.
• 지금 / 아침 9시	지금은　아침　9시입니다 / 예요.
• 오늘 / 무슨 요일 ?	오늘은　무슨　요일입니까 / 이에요?
• 제 취미 / 수영	제　취미는　수영입니다 / 이에요.

☑ 주의	■ 제가 한국 사람입니다. ?? ➡ 저는 한국 사람입니다. ○
	■ 오늘이 월요일입니다. ?? ➡ 오늘은 월요일입니다. ○
	■ 이 사람은 제 남자친구가 입니다. × ➡ ~ 남자친구입니다 ○
	■ 제가 취미는 수영 있습니다. × ➡ 제 취미는 수영입니다. ○

✎ 연습 1

보기	부산	직업	지민 씨의 생일	식당	회사원
	파티	그 사람	010-1234-5678	제 룸메이트	4명

① 제 고향 / _____

② _____ / 한국 가수

③ 제 전화번호 / _____

④ 여기 / _____

⑤ _____ / 무엇 ?

⑥ 그 친구 / _____

⑦ _____ / 몇 시 ?

⑧ 어제 / _____

⑨ 우리 가족 / _____

⑩ 우리 아버지 / _____

제 고향은 부산입니다 / 이에요.

✎ 연습 2 'N은/는 N이다'를 사용해서 자유롭게 쓰세요.

제 이름은 _____ 입니다.

1-2   N은/는   N이/가   아니다

확인

• 저는 한국 사람이 아닙니다.
• 이것은 한국어 책이 아닙니다.

이 그 저 N(의)	Subject / Topic N은/는	제 우리 N(의) :	N이/가	아니다	Formal	Informal
					아닙니다	아니에요
					아니었습니다	아니었어요
					아닙니까?	아니에요?
					아니었습니까?	아니었어요?

예시

N / N / 아니다

• 저 / 학생 / 아니다	저는 학생이 아닙니다 / 아니에요.
• 이것 / 제 가방 / 아니다	이것은 제 가방이 아닙니다.
• 어제 / 제 생일 / 아니었다	어제는 제 생일이 아니었습니다.
• 이 분 / 우리 선생님 / 아니다	이 분은 우리 선생님이 아닙니다.
• 이 노래 / 한국 노래 / 아니다 ?	이 노래는 한국 노래가 아닙니까?
• 이 사람 / 제 여자 친구 / 아니다	이 사람은 제 여자 친구가 아닙니다.
• 이 음식 / 한국 음식 / 아니다	이 음식은 한국 음식이 아닙니다.
• 민수 씨 고향 / 서울 / 아니다 ?	민수 씨 고향은 서울이 아닙니까?

주의
▪ 제가 학생은 아닙니다. ?? ➡ 저는 학생이 아닙니다. ○
▪ 저는 학생 아닙니다. × ➡ 저는 학생이 아닙니다. ○

📝 연습 1

보기	한국어 책	방학	20살	오늘 식당 메뉴	스포츠센터
	휴일	이 커피	태권도	과일	김치

① 이것 / _____ / 아니다   이것은 한국어 책이 아닙니다 / 아니에요.

② 이 운동은 / _____ / 아니다

③ 여기 / _____ / 아니다

④ _____ / 아메리카노 / 아니다

⑤ 토마토 / _____ / 아니다 ?

⑥ _____ / 일본 음식 / 아니다

⑦ 지금 / _____ / 아니다

⑧ _____ / 불고기 / 아니다 ?

⑨ 어제 / _____ / 아니었다 ?

⑩ 저 / _____ / 아니다

📝 연습 2 'N은/는 N이/가 아니다'를 사용해서 자유롭게 쓰세요.

30살 X
한국 사람 X
회사원 X
?
취미-요리 X
재미있는 사람 X

저는 한국 사람이 아닙니다. 중국 사람입니다.

주어	서술어
이것은	커피입니다/예요.
이 커피는	아메리카노입니다.
제가 마시는 커피는	맛있는 아메리카노입니다.
제가 좋아하는 커피는	그 카페의 아메리카노입니다.
이 커피숍에서 제일 맛있는 커피는	그 사람이 만드는 커피입니다.

01 이 노래는 한국 노래입니다 / 예요.

이 노래는

02 이 영화는 한국 영화입니다 / 예요.

이 영화는

03

1 - 4   N은/는 N이【 -고, -지만, -아/어서 】 S + A/V

N은/는 N이다	+	주어 + 서술어
저는 중국 사람이고		제 친구는 베트남 사람입니다/이에요.
저는 중국 사람이지만		제 친구는 중국 사람이 아닙니다/아니에요.
저는 중국 사람이어서		한국말을 잘 못합니다/해요.

01	N은/는 N이다	-고	주어 + 서술어

02	N은/는 N이다	-지만	주어 + 서술어

03	N은/는 N이다	-이어서/여서	주어 + 서술어

N은/는 N이/가 아니【 -고, -지만, 어서 】 S + A/V

N은/는 N이/가 아니다	+	주어 + 서술어
저는 중국 사람이 아니고		일본 사람입니다/이에요.
그 사람은 한국 사람이 아니지만		한국말을 잘합니다/잘해요.
오늘은 휴일이 아니어서		회사에 가서 일합니다/일해요.

01	N은/는 N이/가 아니다	-고	주어 + 서술어

02	N은/는 N이/가 아니다	-지만	주어 + 서술어

03	N은/는 N이/가 아니다	-어서	주어 + 서술어

2-1. N이/가 있다/없다

2-2. N은/는 N이/가 있다/없다

2-3. N이/가 N에 있다/없다

2-4.【_____+N】이/가 있다/없다

2-5. N이/가 있【 -고, -지만 -아/어서, -(으)면 】S + A/V

2-6. N이/가 없【 -고, -지만 -아/어서, -(으)면 】S + A/V

확인

- 책이 많이 있습니다.
- 요즘 시간이 없습니다.

Subject	부사 (Adverbs)		Formal	Informal
N이/가	많이, 조금, 하나 한 (개, 명, 잔 ...)	있다 없다	있습니다 있었습니다 있습니까? 있었습니까?	있어요 있었어요 있어요? 있었어요?

예시

N / 있다, 없다	
• 약속 / 있다	약속이 있습니다 / 있어요.
• 돈 / 없다	돈이 없습니다 / 없어요.
• 여자 친구 / 있다 ?	여자 친구가 있습니까 / 있어요?
• 남동생 / 하나 / 있다	남동생이 하나 있습니다 / 있어요.
• 음식 / 조금 / 있다	음식이 조금 있습니다 / 있어요.
• 커피숍 / 많이 / 있다	커피숍이 많이 있습니다 / 있어요.
• 언제 / 시험 / 있다 ?	언제 시험이 있습니까 / 있어요?

☑ 주의	■ 토요일에 시간은 있습니까? ?? ➡ 토요일에 시간이 있습니까? ○ ■ 많이 친구가 있습니까? × ➡ 친구가 많이 있습니까? ○ ■ 저는 친구가 많이 있습니다. = 저는 친구가 많습니다.

✐ 연습 1

보기	숙제	동생	잡지	지우개	영화배우
	약속	표	일	차	노래

① 매일 / _____ / 있다   매일 숙제가 있습니다 / 있어요.

② 토요일 / 점심 _____ / 없다

③ _____ / 두 명 / 있다

④ 연필과 _____ / 있다 ?

⑤ 내일 / 바쁜 _____ / 없다 ?

⑥ 신문과 _____ / 있다 ?

⑦ 자주 듣는 _____ / 있다

⑧ 자주 마시는 _____ / 있다

⑨ 좋아하는 _____ / 있다 ?

⑩ _____ / 한 장 / 있다

✐ 연습 2   'N이/가 있다'를 사용해서 자유롭게 쓰세요.

안녕하세요? 반갑습니다. 선생님께 질문이 있습니다.

선생님, 좋아하는 노래가 있습니까?

2 - 2   N은/는   N이/가   있다/없다

확인

- 저는 남자 친구가 있습니다.
- 그 친구는 주말에 시간이 없습니다.

N은/는	N(시간)에	N이/가	부사 Adverbs 많이, 조금, 하나 한 (개, 명, 병...)	있다 없다

예시

N / N / 있다, 없다

• 저 / 룸메이트 / 있다	저는 룸메이트가 있습니다 / 있어요.
• 저 / 한국 친구 / 한 명 / 있다.	저는 한국 친구가 한 명 있습니다.
• 민수 씨 / 방학 / 계획 / 있다	민수 씨는 방학에 계획이 있습니다.
• 나리 씨 / 오후 / 약속 / 없다	나리 씨는 오후에 약속이 없습니다.
• 우리 회사 / 여름 / 휴가 / 있다	우리 회사는 여름에 휴가가 있습니다.
• 그 사람 / 12월 / 모임 / 있다 ?	그 사람은 12월에 모임이 많이 있습니까?
• 우리나라 / 겨울 / 없다	우리나라는 겨울이 없습니다.

☑ 주의
- 아버지는 차가 계십니다. × ➡ 아버지는 차가 있으십니다. ○
- 저는 할머니가 계십니다. × ➡ 저는 할머니가 있습니다. ○
- 제가 동생이 두 명 있습니다. ?? ➡ 저는 동생이 두 명 있습니다. ○
- 저는 한국친구를 있습니다. × ➡ 저는 한국 친구가 있습니다. ○

✎ 연습 1

보기	수업	바다	친구	옷	약속
	요리	구두	정	주스	자전거

① 우리 / 내일 / _____ / 없다   우리는 내일 수업이 없습니다 / 없어요.

② 저 / 높은 _____ / 없다

③ 저 / _____ / 두 병 / 있다

④ 제 동생 / _____ / 있다

⑤ 저 / 친한 _____ / 있다

⑥ 저 / 지금 / 두꺼운 _____ / 없다

⑦ 한국 사람들 / _____ / 있다

⑧ 저 / 주말 / _____ / 있다

⑨ 우리나라 / _____ / 없다

⑩ 그 사람 / 잘하는 _____ / 없다

✎ 연습 2 'N은/는 N이/가 있다[없다]'를 사용해서 자유롭게 쓰세요.

저는 한국 친구가 없습니다. 그래서 한국 친구를 사귀고 싶습니다.

N이/가 N에 있다/없다 = N에 N이/가 있다/없다

확인

- 책이 책상 위에 있습니다.
- 학생들이 교실에 없습니다.

Subject / Topic	N (장소) 에	Adverbs	있다
N이/가 N은/는	N 위, 아래, 옆, 뒤, 안, 밖 에	많이, 조금, 하나 한 (개, 명, 잔...)	없다

예시

N / N / 있다, 없다	
• 우유 / 냉장고 / 있다 ?	우유가 냉장고에 있습니까 / 있어요?
• 그 친구 / 지금 / 서울 / 없다	그 친구는 지금 서울에 없습니다 / 없어요.
• 교실 / 학생 / 10명 / 있다	교실에 학생이 10명 있습니다.
• 그 서점 / 그림책 / 많이 / 있다 ?	그 서점에 그림책이 많이 있습니까?
• 제 친구 / 기숙사 / 있다	제 친구가 기숙사에 있습니다.
• 아버지 / 고향 / 안 계시다	아버지는 고향에 안 계십니다. ※계시다(높임말)
• 우리 집 / 우체국 뒤 / 있다	우리 집은 우체국 뒤에 있습니다.

☑ 주의
- 가방에 책이 있습니다 = 가방 안에 책이 있습니다.
- 가방에서 책이 있습니다 × → 가방에 책이 있습니다. ○
- 책이 가방에 <u>한 권</u> 있습니다. ?? → 가방에 책이 한 권 있습니다. ○
- 어머니가 집에 있습니다/없습니다. ?? → 어머니께서 집에 계십니다/안 계십니다. (높임말)

✎ 연습 1

보기	시장 근처	침대	어디	손님	개
	고기	카페	돈	물	음식

① 우리 집 / _____ / 있다

② 예쁜 _____ / 우리 집 앞 / 있다

③ 식당 / _____ / 많이 / 있다

④ 할머니 댁 / 맛있는 _____ / 있다

⑤ 지갑 안 / _____ / 없다

⑥ 제 방 / 책상과 _____ / 있다

⑦ 백화점 / _____ / 있다?

⑧ 식탁 위 / _____ / 한 잔 / 있다

⑨ 우리 집 / _____ 두 마리 / 있다

⑩ 비빔밥 / _____ / 없다?

우리 집은 시장 근처에 있습니다 / 있어요.

✎ 연습 2 'N이/가 N에 있다'를 사용해서 자유롭게 쓰세요.

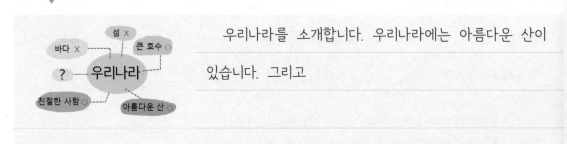

우리나라를 소개합니다. 우리나라에는 아름다운 산이 있습니다. 그리고

2 - 4 【 _____+N】이/가 있다/없다

주어	서술어
지하철이	있습니다/있어요.
빠르고 깨끗한 지하철이	있습니다.
한국에 빠르고 깨끗한 지하철이	있습니다.

01	책이	있습니다 / 있어요.

02	음식이	없습니다 / 없어요.

03	개[고양이...]가	있습니다 / 있어요.

04	

2 - 5 N이/가 있【 -고, -지만, -아/어서, -(으)면 】 S + A/V

N이/가 있다	+	(주어) + 서술어
오전에 요리 수업이 있고		오후에 피아노 수업이 있습니다/있어요.
좋아하는 식당이 있지만		너무 멀어서 자주 가지 못합니다.
주말에 아르바이트가 있어서		공부를 할 수 없습니다.
공부가 끝나고 시간이 있으면		가족과 여행을 하고 싶습니다.

01	N이/가 있다	-고	(주어) + 서술어

02	N이/가 있다	-지만	(주어) + 서술어

03	N이/가 있다	-어서	(주어) + 서술어

04	N이/가 있다	-으면	(주어) + 서술어

N이/가 없【 -고, -지만, -아/어서, -(으)면 】 S + A/V

N이/가 없다	**+**	**(주어) + 서술어**
우리 고향에는 바다가 없고		산이 많습니다.
저는 차가 없지만		자전거가 있어서 불편하지 않습니다.
저는 요즘 시간이 없어서		친구를 자주 못 만납니다.
금요일 오후에 수업이 없으면		집에서 혼자 영화를 봅니다.

01	N이/가 없다	-고	(주어) + 서술어

02	N이/가 없다	-지만	(주어) + 서술어

03	N이/가 없다	-어서	(주어) + 서술어

04	N이/가 없다	-으면	(주어) + 서술어

3 N이/가 A

3 - 1   N이/가   A

확인

- 날씨가 덥습니다.
- 김치가 조금 맵습니다.

Subject / Topic	Adverbs		Formal	Informal
N이/가 N은/는	아주, 너무, 많이, 조금, 자주 ...	A	-ㅂ/습니다 -았/었습니다	-아/어요 -았/었어요
			-ㅂ/습니까? -았/었습니까?	-아/어요? -았/었어요?

예시

N / Ad / A	
• 음식 / 맛있다	음식이 맛있습니다 / 맛있어요.
• 꽃 / 아주 / 예쁘다	꽃이 아주 예쁩니다 / 예뻐요.
• 시험 / 많이 / 어렵다?	시험이 많이 어렵습니까 / 어려워요?
• 아침 / 길 / 조금 / 복잡하다	아침에 길이 조금 복잡합니다 / 복잡해요.
• 한국어 / 너무 / 재미있다	한국어가 너무 재미있습니다 / 재미있어요.
• 선생님 / 친절하다	선생님이 친절합니다 / 친절해요.
• 배 / 자주 / 아프다?	배가 자주 아픕니까 / 아파요?

☑ 주의	▪ 시험을 어렵습니까? × ➡ 시험이 어렵습니까? ○
	▪ 시험은 어렵습니까? ?? ➡ 시험이 어렵습니까? ○
	▪ 날씨는 춥습니다. ?? ➡ 날씨가 춥습니다. ○
	▪ 기분이 슬픕니다. × ➡ 기분이 안 좋습니다. ○ ※기분이 기쁘다 ×

연습 1

보기	덥다	힘들다	무겁다	시원하다	아프다
	무섭다	깨끗하다	맵다	흐리다	멀다

① 여름 / 너무 / _____   여름이 너무 덥습니다 / 더워요.

② 고추 / 아주 / _____ ?

③ 냉면 / _____

④ 교실 / _____

⑤ 가방 / _____

⑥ 공항 / _____

⑦ 아르바이트 / _____ ?

⑧ 날씨 / _____

⑨ 그 영화 / _____

⑩ 목 / 많이 / _____

연습 2 'N이/가   A'를 사용해서 자유롭게 쓰세요.

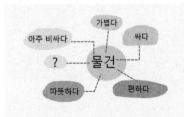

어제 친구와 같이 백화점에 갔습니다.

확인

- 저는 친구가 아주 많습니다
- 어제는 날씨가 따뜻했습니다.

N은/는	N이/가	Adverbs 아주, 너무, 많이 조금, 자주 ...	A

예시

N / N / Ad / A

• 오늘 / 날씨 / 어떻다 ?	오늘은 날씨가 어떻습니까 / 어때요?
• 저 / 한국 / 좋다	저는 한국이 좋습니다 / 좋아요.
• 제주도 / 바다 / 아름답다	제주도는 바다가 아름답습니다 / 아름다워요.
• 지수 씨 / 키 / 아주 / 크다	지수 씨는 키가 아주 큽니다 / 커요.
• 나영 씨 / 머리 / 길다	나영 씨는 머리가 깁니다 / 길어요
• 한국 / 지하철 / 편하다	한국은 지하철이 편합니다 / 편해요.
• 그 백화점 / 물건 / 비싸다	그 백화점은 물건이 비쌉니다 / 비싸요.

☑
주의

- 제 친구는 한국이 좋습니다. ✕ ➔ 제 친구는 한국을 좋아합니다. ○
- 저는 한국을 좋습니다. ✕ ➔ 저는 한국이 좋습니다. ○
- 그 아이가 눈은 예쁩니다. ?? ➔ 그 아이는 눈이 예쁩니다. ○
- 이 식당은 음식을 맛있습니다. ✕ ➔ 이 식당은 음식이 맛있습니다. ○

보기	여름	맵다	친절하다	어떻다?	빠르다
	짧다	아프다	집	비싸다	크다

① 저 / 여름 / 싫다	저는 여름이 싫습니다 / 싫어요.
② 정우 씨 / _____ / 멀다	
③ 저 / 요즘 / 목 / 자주 / _____	
④ 부산 / 날씨 / _____ ?	
⑤ 지영 씨 / 머리 / _____	
⑥ 이 카페 / 커피 / _____	
⑦ 한국 / 인터넷 / _____	
⑧ 지민 씨 / 키 / _____	
⑨ 그 식당 / 음식 / _____	
⑩ 그 가게 / 직원들 / _____	

연습 2   'N은/는 N이/가   A'를 사용해서 자유롭게 쓰세요.

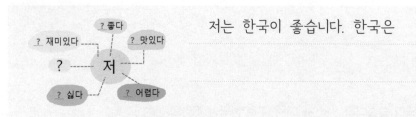

저는 한국이 좋습니다. 한국은

N에 N이/가 많다 / 적다

- 도서관에 책이 많습니다.
- 공원에 사람들이 적습니다.

N에(는) (장소, 파티, 모임...)	Subject N이/가	Adverbs 아주, 너무, 정말	많다 적다

예시

N / N / Ad / 많다, 적다

N / N / Ad / 많다, 적다	
• 지하철 / 사람들 / 아주 / 많다	지하철에 사람들이 아주 많습니다 / 많아요.
• 그 유치원 / 아이들 / 적다	그 유치원에는 아이들이 적습니다 / 적어요.
• 한국 / 산 / 아주 많다	한국에는 산이 아주 많습니다.
• 갈비탕 / 고기 / 적다	갈비탕에 고기가 적습니다.
• 길 / 고양이 / 많다	길에 고양이가 많습니다.
• 병원 / 아픈 사람 / 많다	병원에 아픈 사람이 많습니다.
• 시장 / 맛있는 과일 / 많다	시장에 맛있는 과일이 많습니다.
• 박물관 / 구경하는 사람 / 적다	박물관에 구경하는 사람이 적습니다.

☑ 주의
- 한국에 산이 많이 있습니다 = 한국에 산이 많습니다.
- 한국에 산이 많습니다 ○ 한국에는 산이 많습니다 ○ 한국은 산이 많습니다. ○
- 지하철에서 사람들은 많습니다. ✕ ➔ 지하철에 사람들이 많습니다. ○

보기	외국 학생	공부하는 학생	재미있는 책	게임하는 사람	싼 물건
	물고기	산책하는 사람	맛있는 케이크	쇼핑하는 사람	채소

① 기숙사 / 외국 학생 / 많다   기숙사에 외국 학생이 많습니다 / 많아요.

② 백화점 / _____ / 많다

③ PC방 / _____ / 많다

④ 서점 / _____ / 많다

⑤ 공원 / _____ / 많다

⑥ 강 / _____ / 적다

⑦ 교실 / _____ / 적다

⑧ 인터넷 / _____ / 많다

⑨ 비빔밥 / _____ / 적다

⑩ 빵집 / _____ / 많다

'N에 N이/가 많다/적다'를 사용해서 자유롭게 쓰세요.

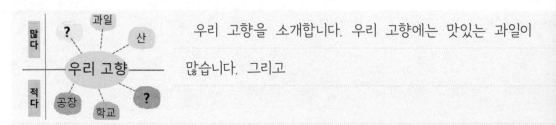

우리 고향을 소개합니다. 우리 고향에는 맛있는 과일이

많습니다. 그리고

【 _____ +N】이/가 많다/적다

사람이	많습니다/많아요.
공항에 사람이	아주 많습니다.
공항에 비행기를 기다리는 사람이	아주 많습니다.

01 학생이 많습니다 / 많아요.

02 사람이 적습니다.

03 외국 사람들이 ( )

04

3 - 5 【 _____ +N】이/가 좋다/싫다

주어	좋다 / 싫다
사람이	좋습니다/좋아요.
저는 운동을 잘하는 사람이	좋습니다.
저는 힘든 친구를 도와주지 않는 사람이	싫습니다.

01

친구가 좋습니다.

좋습니다.

싫습니다.

02

여자[남자]가 좋습니다.

03

선생님이 좋습니다.

04

3 - 6 　N이/가 A 【 -고, -지만, -아/어서, -(으)면 】 S + A/V

N이/가　A	+	(주어) + 서술어
아이가 귀엽고		예쁩니다.
시험이 아주 어려웠지만		잘 봤습니다.
이 시장에 맛있는 음식이 많아서		주말에 사람들이 많이 옵니다.
봄이 와서 날씨가 따뜻하면		친구들과 등산을 가고 싶습니다.

01	N이/가　A	-고	(주어) + 서술어

02	N이/가　A	-지만	(주어) + 서술어

03	N이/가　A	-아/어서	(주어) + 서술어

04	N이/가　A	-(으)면	(주어) + 서술어

4-1. N은/는/이/가 V

4-2. N은/는/이/가 N에 가다/오다/다니다

4-3. N은/는/이/가 【 _____+N】에 가다/오다/다니다

4-4. N은/는 V 【 -고, -지만, -아/어서, -(으)면 】 S + A/V

N은/는/이/가   V

확인

- 저는 주말에 집에서 쉽니다.
- 오후에 한국어 수업이 끝납니다.

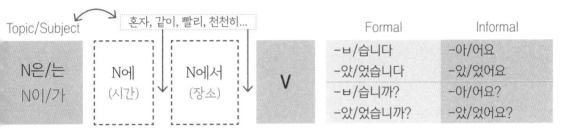

Topic/Subject		혼자, 같이, 빨리, 천천히…			Formal	Informal
N은/는 N이/가	N에 (시간)		N에서 (장소)	V	-ㅂ/습니다 / -았/었습니다	-아/어요 / -았/었어요
					-ㅂ/습니까? / -았/었습니까?	-아/어요? / -았/었어요?

예시

N / N, N / V

• 민수 씨 / 공원 / 잠깐 / 쉬다	민수 씨는 공원에서 잠깐 쉽니다 / 쉬어요.
• 저 / 어제 / 늦게 / 자다	저는 어제 늦게 잤습니다 / 잤어요.
• 어제 / 비가 / 조금 / 오다	어제 비가 조금 왔습니다 / 왔어요.
• 아기 / 방 / 혼자 / 울다	아기가 방에서 혼자 웁니다 / 울어요.
• 우리 누나 / 항상 / 웃다	우리 누나는 항상 웃습니다 / 웃어요.
• 기차 / 빨리 / 가다	기차가 빨리 갑니다 / 가요
• 우리 형 / 한국 회사 / 일하다	우리 형은 회사에서 일합니다 / 일해요.

☑ 주의

- 우리 형은 한국 회사에서 일합니다. = 우리 형은 한국 회사에서 일을 합니다.
- 수업을 끝났습니다. ✗ ➡ 수업이 끝났습니다. ○
- 방에서 아기를 잡니다. ✗ ➡ 방에서 아기가 잡니다. ○
- 민수 씨는 수업이 늦었습니다. ✗ ➡ 민수 씨는 수업에 늦었습니다. ○
- 저는 감기를 걸렸습니다. ✗ ➡ 저는 감기에 걸렸습니다. ○

✎ 연습 1

보기	끝나다	운동하다	쉬고 있다	늦다	걷다
	일어나다	살다	아르바이트하다	지내다	놀다

① 수업 / 빨리 / _____

② 누나 / 거실 / _____

③ 요즘 / 어떻게 / _____?

④ 아이들 / 집 밖 / _____

⑤ 제 친구 / 서점 / _____

⑥ 저 / 기숙사 / _____

⑦ 오늘 아침 / 늦게 / _____

⑧ 지수 씨 / 회의 / _____

⑨ 민호 씨 / 스포츠센터 / _____

⑩ 할아버지 / 천천히 / _____

수업이 빨리 끝났습니다 / 끝났어요.

✎ 연습 2 'N은/는/이/가 V'를 사용해서 자유롭게 쓰세요.

일어나다 → 가다
끝나다 ← 공부하다
쉬다 → 숙제하다
자다

저는 오늘 아침 7시에 일어났습니다. 일어나서 아침을 먹고

N은/는/이/가 N에 가다/오다/다니다

확인

- 저는 월요일부터 금요일까지 학교에 갑니다.
- 제 친구는 한국에서 대학교에 다닙니다.

Topic/Subject				Formal	Informal
N은/는 N이/가	N(에) N까지 (시간)	N에 (장소)	가다 오다 다니다	-ㅂ/습니다 -았/었습니다 -ㅂ/습니까? -았/었습니까?	-아/어요 -았/었어요 -아/어요? -았/었어요?

예시

N / N, N / 가다,오다,다니다

• 저 / 매일 / 회사 / 가다	저는 매일 회사에 갑니다 / 가요.
• 우리 가족 / 여름 / 바다 / 가다	우리 가족은 여름에 바다에 갑니다.
• 지난주 / 스키장 / 가다	지난주에 스키장에 갔습니다.
• 제 친구 / 은행 / 다니다	제 친구는 은행에 다닙니다.
• 저 / 오늘 / 생일 파티 / 가다	저는 오늘 생일 파티에 갑니다.
• 친구 / 다음 주 / 고향 / 돌아가다	친구는 다음 주에 고향에 돌아갑니다.
• 제니 씨 / 언제 / 한국 / 오다 ?	제니 씨는 언제 한국에 옵니까 / 와요?

☑ 주의	■ 여행에 갑니다. ✕ ➡ 여행을 갑니다. ○ ※ 제주도로 여행을 갑니다. ■ 모임을 갑니다. 파티를 갑니다. ?? ➡ 모임에 갑니다. 파티에 갑니다. ○ ■ 저는 작년에 한국에 왔습니다. ※ 저는 중국에서 왔습니다. 중국 사람입니다.

✏️ 연습 1

보기	다니다	병원	손님	식당	기차역 앞
	백화점	방학	회사	스키장	중학교

① 저 / 대학교 / _____

저는 대학교에 다닙니다 / 다녀요.

② 아버지 / _____ / 다니다

③ 친구 / 겨울 / _____ / 가다

④ _____ / 고향 / 가다

⑤ 가게 / _____ / 많이 오다

⑥ 버스 / _____ / 오다

⑦ 그 학생 / _____ / 다니다

⑧ 아픈 사람 / _____ / 가다

⑨ 배고픈 사람 / _____ / 가다

⑩ 쇼핑하는 사람 / _____ / 가다

✏️ 연습 2   'N은/는/이/가 N에 가다'를 사용해서 자유롭게 쓰세요.

저는 등산을 좋아합니다. 그래서 봄에 친구들과 같이 산에

갑니다. 그리고 여름에는

4 - 3 　 N은/는/이/가【 ＿＿＿＿＿＿+N】에 가다/오다/다니다

주어	서술어	
저는	수영장에	갑니다/가요.
제 친구는	물이 깨끗한 수영장에	다닙니다/다녀요.
제 동생은	집 근처에 있는 수영장에	갑니다.

01 ＿＿＿＿＿＿＿＿＿＿ 씨는 카페에　갑니다.

02 저는 식당에　갑니다.

03 ＿＿＿＿＿＿＿＿＿＿ 씨는 백화점에　갑니다.

04

4 - 4   N은/는/이/가 V【 -고, -지만, -아/어서, -(으)면 】 S + A/V

N은/는/이/가 V	+	(주어) + 서술어
저는 한국 대학교에 다니고		친구는 민주 대학교에 다닙니다.
어제 늦게 잤지만		오늘 아침에 일찍 일어났습니다.
어제 너무 많이 걸어서		다리가 아픕니다.
1시에 수업이 끝나면		집에 가서 쉴 겁니다.

01	N 은/는/이/가 V	-고	(주어) + 서술어

02	N 은/는/이/가 V	-지만	(주어) + 서술어

03	N 은/는/이/가 V	-아/어서	(주어) + 서술어

04	N 은/는/이/가 V	-(으)면	(주어) + 서술어

N은/는/이/가	V	유형 동사	
• 가다	• 오다	• 다니다	• 쉬다
• 자다	• 앉다	• 울다	• 웃다
• 늦다	• 일어나다	• 지내다	• 끝나다
• 놀다	• 식사하다	• 도착하다	• 이사하다
• 살다	• 수영하다	• 세수하다	• 인사하다
• 일하다	• 요리하다	• 숙제하다	• 공부하다
• 쇼핑하다	• 운동하다	• 산책하다	• 아르바이트하다
• 노래하다	• 청소하다	• 게임하다	• 등산하다
• 샤워하다	• (사고가) 나다	• (감기에) 걸리다	• 데이트하다

5-1. N은/는/이/가 N을/를 V

5-2. N은/는/이/가 N에게/께 N을/를 V

5-3. N은/는/이/가 【 _____ +N】을/를 V

5-4. N을/를 V 【 -고, -지만, -아/어서, -(으)면 】 S + A/V

5 - 1   N은/는/이/가   N을/를   V

확인

- 저는 점심에 학생 식당에서 밥을 먹습니다.
- 수진 씨는 어제 커피숍에서 친구를 만났습니다.

Topic/Subject					Formal	Informal
N은/는 N이/가	N(에) (시간)	N에서 (장소)	N을/를	V	-ㅂ/습니다 -았/었습니다 -ㅂ/습니까? -았/었습니까? -(으)십시오	-아/어요 -았/었어요 -아/어요? -았/었어요? -(으)세요

많이, 빨리, 천천히, 혼자...

예시

N / N,N N / V	
• 저 / 백화점 / 옷 / 사다	저는 백화점에서 옷을 샀습니다 / 샀어요.
• 저 / 주말 / 집 / 드라마 / 보다	저는 주말에 집에서 드라마를 봤습니다.
• 누나 / 거실 / 신문 / 읽다	누나는 거실에서 신문을 읽습니다.
• 동생 / 방 / 음악 / 듣다	동생은 방에서 음악을 듣습니다.
• 저 / 오전 / 학교 / 한국어 / 배우다	저는 오전에 학교에서 한국어를 배웁니다.
• 저 / 주말 / 공원 / 자전거 / 타다	저는 주말에 공원에서 자전거를 탑니다.
• 그 사람 / 공항 / 비행기 / 기다리다	그 사람은 공항에서 비행기를 기다립니다.

☑ 주의
- 집에서 숙제합니다 = 집에서 숙제를 합니다.
- 한국어를 숙제를 합니다. × 한국어를 숙제합니다. × 한국어 숙제를 합니다. ○
- 제가 친구를 만났습니다. ?? ➜ 저는 친구를 만났습니다. ○

✎ **연습 1**

보기	커피	타다	요리	사귀다	한국어 공부
	낮잠	테니스	찍다	받다	피우다

① 저 / 카페 / _____ / 마시다 　　저는 카페에서 커피를 마십니다 / 마셔요.

② 주말 / 친구 / _____ / 치다

③ 공원 / 사진 / _____

④ 버스정류장 / 버스 / _____

⑤ 식당 밖 / 담배 / _____

⑥ 그 친구 / _____ / 잘하다

⑦ 저 / 학교 / 친구 / _____

⑧ 미나 씨 / 학교 / _____ / 하다

⑨ 일요일 / 집 / _____ / 자다

⑩ 매일 / 사무실 / 전화 / _____

✎ **연습 2**　'N은/는/이/가　N을/를　V'를 사용해서 자유롭게 쓰세요.

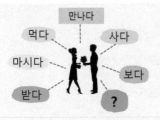

만나다
먹다　　사다
마시다　　보다
받다　　?

저는 주말에 그 여자를 만났습니다.

5 - 2 N은/는/이/가 N에게/께 N을/를 V

확인

- 제임스 씨는 여자 친구에게 꽃을 줍니다.
- 선생님은 학생들에게 한국어를 가르칩니다.

Topic/Subject

N은/는 N이/가	N(에) (시간)	N에서 (장소)	N에게 / 께	N을/를	많이, 빨리, 천천히, 혼자... ↓ V

예시

N / N, N / N / N / V	
• 저 / 친구 / 선물 / 주다	저는 친구에게 선물을 줬습니다 / 줬어요.
• 저 / 어제 / 친구 / 전화 / 하다	저는 어제 친구에게 전화를 했습니다.
• 친구 / 나 / 책 / 선물하다	친구가 나에게 책을 선물했습니다.
• 선생님 / 학생 / 이름 / 묻다	선생님은 학생에게 이름을 묻습니다.
• 학생들 / 선생님 / 인사 / 하다	학생들은 선생님께 인사를 합니다.
• 저 / 집 / 친구 / 문자 / 보내다	저는 집에서 친구에게 문자를 보냈습니다.
• 저 / 친구 / 가족 / 소개하다	저는 친구에게 가족을 소개하고 싶습니다.

☑ 주의	■ 저는 친구에게 Ø 줬습니다. ?? ➡ 저는 친구에게 선물을 줬습니다. ■ 저는 친구에게 도와줍니다. × ➡ 저는 친구를 도와줍니다. ■ 학생들이 선생님에게 이야기를 합니다. ?? ➡ 학생들이 선생님께 이야기를 합니다. (높임말) ■ 그 사람은 회사에게 전화를 합니다. × ➡ 그 사람은 회사에 전화를 합니다.

✏️ 연습 1

보기	보내다	전화를 하다	주다	묻다	인사를 하다
	가르치다	말하다	팔다	빌리다	쓰다

① 친구 / 저 / 이메일 / _____   친구가 저에게 이메일을 보냈습니다.

② 기자 / 사람들 / 뉴스 / _____

③ 저 / 매일 / 여자 친구 / _____

④ 직원 / 손님 / 물건 / _____

⑤ 그 사람 / 저 / 나이 / _____

⑥ 아이 / 어머니 / 편지 / _____

⑦ 남자 / 여자 친구 / 꽃 / _____

⑧ 저 / 친구 / 자전거 / _____

⑨ 제인 씨 / 아이들 / 영어 / _____

⑩ 학생들 / 선생님 / _____

✏️ 연습 2   'N은/는 N에게   N을/를 V'를 사용해서 자유롭게 쓰세요.

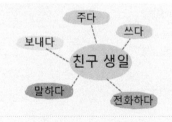

내일은 친구 생일입니다. 저는 친구에게

5 - 3　N은/는/이/가 【　　　　　　+N】을/를　V

주어	목적어	서술어
저는	그 사람을	좋아합니다/좋아해요.
제 친구는	재미있는 사람을	좋아합니다.
우리 누나는	요리를 잘하는 사람을	좋아합니다.

01	저는	책을	읽었습니다.

02	제 동생은	옷을	삽니다.

03	저는	친구를	사귀고 싶습니다.

04			

5 - 4 N을/를 V【 -고, -지만, -아/어서, -(으)면 】 S + A/V

N은/는/이/가 N을/를 V	+	(주어) + 서술어
저는 숙제를 하고		TV를 봤습니다.
저는 커피를 좋아하지만		친구는 녹차를 좋아합니다.
아침에 밥을 안 먹어서		지금 배가 고픕니다.
저는 음악을 들으면		기분이 좋습니다.

01	(N 은/는/이/가) N을/를 V	-고	(주어) + 서술어

02	(N 은/는/이/가) N을/를 V	-지만	(주어) + 서술어

03	(N 은/는/이/가) N을/를 V	-아/어서	(주어) + 서술어

04	(N 은/는/이/가) N을/를 V	-(으)면	(주어) + 서술어

(N은/는/이/가) N을/를	V 유형 동사		
• 먹다	• 마시다	• 만나다	• 사다
• 보다	• 읽다	• 좋아하다	• 싫어하다
• 쓰다	• 듣다	• 만들다	• 가르치다
• 배우다	• 기다리다	• 찍다	• 타다
• 입다	• 신다	• 잘하다	• 못하다
• 알다	• 모르다	• 주다	• 치다
• 팔다	• 피우다	• 받다	• 씻다
• 열다	• 닫다	• 바꾸다	• 빌리다
• 돕다	• 사귀다	• 그리다	• 고르다
• 끄다	• 켜다	• 게임을 하다	• 운동을 하다
• 공부를 하다	• 구경을 하다	• 농구를 하다	• 등산을 하다
• 산책을 하다	• 쇼핑을 하다	• 수영을 하다	• 숙제를 하다
• 아르바이트를 하다	• 여행을 하다	• 이야기를 하다	• 일을 하다
• 전화를 하다	• 축구를 하다	• 데이트를 하다	• 말을 하다
• 빨래를 하다	• 샤워를 하다	• 선물을 하다	• 수업을 하다
• 연락을 하다	• 운전을 하다	• 인사를 하다	• 준비를 하다
• 청소를 하다	• 초대를 하다	• 춤을 추다	• 파티를 하다

부록 - 예시 답안

I 문장 쓰기의 기초

※ 문제 유형에 따라 예시 답안을 참고하여 자유롭게 쓸 수 있습니다.

1. 서술어 종결 쓰기

■ 연습 1   19p

1	가깝/다	가깝습니다	가까워요
2	괜찮/다	괜찮습니다	괜찮아요
3	앉/다	앉습니다	앉아요
4	없/다	없습니다	없어요
5	친하/다	친합니다	친해요
6	무겁/다	무겁습니다	무거워요
7	달/다	답니다	달아요
8	싫어하/다	싫어합니다	싫어해요
9	쓰/다	씁니다	써요
10	쉬/다	쉽니다	쉬어요
11	크/다	큽니다	커요
12	죄송하/다	죄송합니다	죄송해요
13	구경하/다	구경합니다	구경해요
14	아니/다	아닙니다	아니에요
15	조용하/다	조용합니다	조용해요
16	흐리/다	흐립니다	흐려요
17	심심하/다	심심합니다	심심해요
18	듣/다	듣습니다	들어요
19	똑똑하/다	똑똑합니다	똑똑해요
20	만들/다	만듭니다	만들어요

2. 시간 표현하기

① 현재 시제

■ 연습 1   21p

1	사/다	삽니다	사요
2	찍/다	찍습니다	찍어요
3	찾/다	찾습니다	찾아요
4	놀/다	놉니다	놀아요

5	오/다	옵니다	와요
6	입/다	입습니다	입어요
7	바꾸/다	바꿉니다	바꿔요
8	울/다	웁니다	울어요
9	잘하/다	잘합니다	잘해요
10	열/다	엽니다	열어요
11	기다리/다	기다립니다	기다려요
12	도와주/다	도와줍니다	도와줘요
13	알/다	압니다	알아요
14	사귀/다	사귑니다	사귀어요
15	요리하/다	요리합니다	요리해요
16	묻/다	묻습니다	물어요
17	그리/다	그립니다	그려요
18	다니/다	다닙니다	다녀요
19	웃/다	웃습니다	웃어요
20	갈아타/다	갈아탑니다	갈아타요

■ 연습 2   22p

01. 입니다, 삽니다, 배웁니다, 만납니다, 놉니다
02. 입니다, 요리합니다, 일합니다, 만듭니다, 찍습니다
03. 탑니다, 그립니다, 칩니다, 수영합니다, 아르바이트합니다

■ 연습 3   23p

01. 이에요, 가르쳐요, 아니에요, 다녀요, 일해요, 들어요
02. 살아요, 일어나요, 좋아해요, 마셔요, 먹어요, 싫어해요
03. 쉬어요, 읽어요, 만들어요, 써요, 봐요

② 과거 시제

■ 연습 1   26p

1	줬[주었]/다	줬[주었]습니다	줬[주었]어요
2	봤/다	봤습니다	봤어요
3	피웠/다	피웠습니다	피웠어요
4	만들었/다	만들었습니다	만들었어요
5	껐/다	껐습니다	껐어요
6	좋아했/다	좋아했습니다	좋아했어요

7	사랑했/다	사랑했습니다	사랑했어요
8	걸었/다	걸었습니다	걸었어요
9	도왔/다	도왔습니다	도왔어요
10	입었/다	입었습니다	입었어요
11	닫았/다	닫았습니다	닫았어요
12	웃었/다	웃었습니다	웃었어요
13	기다렸/다	기다렸습니다	기다렸어요
14	잤/다	잤습니다	잤어요
15	팔았/다	팔았습니다	팔았어요
16	빌렸/다	빌렸습니다	빌렸어요
17	보냈/다	보냈습니다	보냈어요
18	가르쳤/다	가르쳤습니다	가르쳤어요
19	춤췄/다	춤췄습니다	춤췄어요
20	사귀었/다	사귀었습니다	사귀었어요

■ 연습 2　　　　　　　　　27p

1	싫었다	싫었습니다	싫었어요
2	더웠다	더웠습니다	더웠어요
3	컸다	컸습니다	컸어요
4	무거웠다	무거웠습니다	무거웠어요
5	짧았다	짧았습니다	짧았어요
6	슬펐다	슬펐습니다	슬펐어요
7	멀었다	멀었습니다	멀었어요
8	쉬웠다	쉬웠습니다	쉬웠어요
9	나빴다	나빴습니다	나빴어요
10	고마웠다	고마웠습니다	고마웠어요
11	따뜻했다	따뜻했습니다	따뜻했어요
12	무서웠다	무서웠습니다	무서웠어요
13	깨끗했다	깨끗했습니다	깨끗했어요
14	재미있었다	재미있었습니다	재미있었어요
15	배고팠다	배고팠습니다	배고팠어요
16	귀여웠다	귀여웠습니다	귀여웠어요
17	편했다	편했습니다	편했어요
18	작았다	작았습니다	작았어요
19	피곤했다	피곤했습니다	피곤했어요
20	힘들었다	힘들었습니다	힘들었어요

■ 연습 3　　　　　　　　　28p

1. 봤습니다.　봤어요.
2. 일어났습니다.　일어났어요.
3. 갔습니다.　갔어요.
4. 했습니다.　했어요.
5. 먹었습니다. 먹었어요.
6. 왔습니다.　왔어요.
7. 수영했습니다.　수영했어요.
8. 줬습니다(주었습니다).　줬어요(주었어요).
9. 들었습니다.　들었어요.
10. 썼습니다.　썼어요.
11. 탔습니다.　탔어요.
12. 읽었습니다.　읽었어요.
13. 샀습니다.　샀어요.
14. 쉬었습니다.　쉬었어요.
15. 마셨습니다.　마셨어요.
16. 기다렸습니다.　기다렸어요.

■ 연습 4　　　　　　　　　29p

1. 8시에 일어났습니다
2. 녹차를 마셨습니다
3. 피곤해서 10시에 잤습니다
4. 늦어서 택시를 탔습니다
5. 맛있었습니다
6. 집에서 운동했습니다
7. 추웠습니다
8. 비쌌습니다
9. 12월 31일이었습니다
10. 비빔밥을 안 좋아했습니다
11. 19살이었습니다
12. 따뜻했습니다
13. 사과를 샀습니다
14. 부산에 살았습니다
15. 힘들었습니다
16. 숙제가 있었습니다
17. 복잡했습니다 (사람이 많았습니다)
18. 시끄러웠습니다
19. 무서웠습니다
20. 아팠습니다

■ 연습 5   30p

01. 저는 지난 주말에 친구와 부산에 갔습니다. 서울역에서 기차를 탔습니다. 부산역에 내려서 친구를 만났습니다. 그리고 바다에 갔습니다. 친구와 바다를 보면서 맛있는 음식을 먹었습니다. 밥을 먹고 부산 시내를 구경했습니다.

02. 어제 한국어 수업이 있어서 학교에 갔습니다. 한국어 학당 교실에서 친구들과 한국어를 배웠습니다. 그리고 학교에서 고향 친구를 만났습니다. 같이 점심을 먹고 도서관에 갔습니다. 도서관에서 책을 읽었습니다. 저녁에 학교 앞에서 버스를 탔습니다. 버스에서 음악을 들었습니다.

03. 어제 제 생일이어서 우리 집에서 파티를 했습니다. 우리 집에 친구들이 많이 왔습니다. 먼저 비빔밥과 불고기를 먹었습니다. 밥을 먹고 차를 마셨습니다. 차를 마시면서 이야기했습니다. 그리고 음악을 들으면서 노래를 했습니다.

3 미래 시제

■ 연습 1   32p

1	갈 것이다	갈 겁니다	갈 거예요
2	씻을 것이다	씻을 겁니다	씻을 거예요
3	사귈 것이다	사귈 겁니다	사귈 거예요
4	쓸 것이다	쓸 겁니다	쓸 거예요
5	지낼 것이다	지낼 겁니다	지낼 거예요
6	그릴 것이다	그릴 겁니다	그릴 거예요
7	보낼 것이다	보낼 겁니다	보낼 거예요
8	운전할 것이다	운전할 겁니다	운전할 거예요
9	잘 것이다	잘 겁니다	잘 거예요
10	닫을 것이다	닫을 겁니다	닫을 거예요
11	살 것이다	살 겁니다	살 거예요
12	볼 것이다	볼 겁니다	볼 거예요
13	다닐 것이다	다닐 겁니다	다닐 거예요
14	팔 것이다	팔 겁니다	팔 거예요
15	들을 것이다	들을 겁니다	들을 거예요
16	전화할 것이다	전화할 겁니다	전화할 거예요
17	놀 것이다	놀 겁니다	놀 거예요
18	탈 것이다	탈 겁니다	탈 거예요
19	샤워할 것이다	샤워할 겁니다	샤워할 거예요
20	걸을 것이다	걸을 겁니다	걸을 거예요

■ 연습 2   33p

1. 잘 겁니다/거예요
2. 공부할 겁니다/거예요
3. 줄 겁니다/거예요
4. 올 겁니다/거예요
5. 쉬지 않을 겁니다/거예요
6. 운동할 겁니다/거예요
7. 갈 겁니다/거예요
8. 살 겁니다/거예요
9. 먹을 겁니다/먹을 거예요
10. 만들 겁니다/거예요
11. 청소할 겁니다/거예요
12. 배울 겁니다/거예요
13. 만날 겁니다/거예요
14. 볼 겁니다/거예요
15. 들을 겁니다/거예요
16. 다닐 겁니다/거예요

■ 연습 3   34p

01. 백화점에 가서 선물을 살 겁니다. 그리고 케이크와 꽃을 살 겁니다. 저녁에 어머니와 같이 맛있는 음식을 먹을 겁니다. 저녁을 먹고 어머니께 선물을 드릴 겁니다. 그리고 "사랑해요."라고 말할 겁니다.

02. 나는 그 친구와 주말에 영화를 보러 갈 겁니다. 그리고 같이 차를 마시고 이야기를 많이 할 겁니다. 박물관을 구경하고 사진도 찍을 겁니다. 방학에는 같이 여행을 갈 겁니다.

03. 주말에 집에 있을 거예요. 혼자 텔레비전을 볼 거예요. 그리고 마트에 가서 채소와 고기를 살 거예요. 집에 와서 요리를 할 거예요. 저녁을 먹고 쉴 거예요.

04. 저는 여행을 좋아해요. 가족들과 여행을 갈 거예요. 좋은 호텔에서 잘 거예요. 그리고 맛있는 음식을 많이 먹을 거예요. 쇼핑하고 선물도 살 거예요. 가족들에게 선물을 줄 거예요.

■ 종합연습 1   35p

01. 저는 매일 아침 운동을 합니다. 그리고 아침을 먹고

학교에 갑니다. 학교에 가서 한국어를 배웁니다. 친구들과 점심을 먹고 도서관에 갑니다. 도서관에서 책을 읽습니다.

02. 저는 어제 친구를 만났습니다. 친구와 학교 식당에서 밥을 먹었습니다. 그리고 커피숍에 갔습니다. 커피숍에서 커피를 마시고 이야기를 했습니다. 같이 사진을 찍었습니다. 아주 즐거웠습니다.

03. 저는 내년 여름에 제주도에 갈 거예요. 제주도에서 한 달 살 거예요. 매일 바다를 볼 거예요. 산책을 하고 맛있는 요리를 할 거예요. 좋은 음악을 듣고 책을 읽을 거예요.

3. 부정 표현하기

■ 연습 1   38p

1. 이것은 바나나가 아닙니다.
   딸기가 맛있습니다.
   딸기를 먹지 않습니다/안 먹습니다.
2. 이것은 잡지가 아닙니다.
   신문이(이것이) 재미없습니다.
   신문을(이것을) 읽지 않습니다.
3. 오늘은 월요일이 아닙니다.
   오늘은 바쁘지 않습니다.
   오늘은 일하지 않습니다.
4. 여기는 박물관이 아닙니다.
   도서관이(여기가) 복잡하지 않습니다.
   도서관에서(여기에서) 이야기하지 않습니다.
5. 이 옷은 바지가 아닙니다.
   이 옷이 싸지 않습니다.
   이 옷을 사지 않습니다.
6. 이것은 소파가 아닙니다.
   이 의자가(이것이) 편하지 않습니다.
   여기에 앉지 않습니다.
7. 이 사람은 학생이 아닙니다.
   이 선생님(사람)이 무섭지 않습니다.
   이 선생님(사람)은 영어를 가르치지 않습니다.

■ 연습 2   39p

| 1. 못 | 2. 안 | 3. 못 | 4. 안 | 5. 안 |
| 6. 못 | 7. 못 | 8. 못 | 9. 안 | 10. 못 |

■ 연습 3   39p

1. 좋지 않은	2. 친절하지 않은
3. 읽지 않는	4. 쉽지 않은
5. 시원하지 않은	6. 쓰지 않는
7. 좋아하지 않는	8. 크지 않은
9. 예쁘지 않은	10. 숙제하지 않는
11. 무겁지 않은	12. 바쁘지 않은
13. 기다리지 않는	14. 달지 않은
15. 듣지 않는	16. 친하지 않은

■ 연습 4   40p

1. 춥지 않았어요	2. 운동을 하지 않을 거예요
3. 좋지 않았어요	4. 하지 못해요
5. 사랑하지 않았어요	6. 닫지 않았어요
7. 받지 못했어요.	8. 재미없었어요
9. 잘 알지 못했어요	10. 마시지 않을 거예요
11. 만들지 못했어요	12. 없었어요
13. 하지 못했어요	14. 좋아하지 않았어요
15. 예쁘지 않았어요	16. 요리를 하지 못했어요

■ 연습 5   41p

01. 내일 시험이 있어서 게임을 하지 않을 겁니다. 그리고 음악을 듣지 않고 휴대폰을 보지 않을 겁니다. 친구에게 전화하지 않을 겁니다. 일찍 자지 않을 겁니다.

02. 쇼핑을 하지 못합니다. 여행을 하지 못합니다. 대학교에서 공부하지 못합니다. 식당에서 밥을 먹지 못합니다.

03. 어제는 일요일이어서 학교에 안 갔습니다. 그래서 일찍 일어나지 않았습니다. 아침에 세수를 안 했습니다. 아침을 안 먹었습니다. 그리고 공부를 안 했습니다.

04. 요즘 너무 바빠서 아침을 먹지 못합니다. 그리고 운동을 하지 못합니다. 청소도 하지 못합니다. 시간이 없어서 친구도 만나지 못합니다. 그리고 부모님께 자주 전화하지 못합니다.

4. 높임 표현하기

■ 연습 1   44p

1. 할아버지께서 책을 읽으십니다/읽으세요
2. 할머니께서 공원에 가십니다/가세요
3. 친구가 점심을 먹습니다/먹어요

4. 어머니께서 차를 드십니다/드세요
5. 아버지께서 주무십니다/주무세요
6. 선생님께서 수영을 가르치십니다/가르치세요
7. 학생들이 한국어를 배웁니다/배워요
8. 부모님<u>께서는</u> 서울에 사십니다/사세요
9. 어머니<u>께서는</u> 의사(이)십니다/(이)세요
10. 아이가 할머니 댁에 갑니다/가요

■ 연습 2　　　　　　　　　　　　　　　　44p

1. 선생님께서 아이에게 선물을 주셨습니다.
2. 선생님께서 학생들을 도와주십니다.
3. 토니 씨가 여자 친구에게 꽃을 줍니다.
4. 민수 씨가 친구를 도와줍니다.
5. 아이가 할머니께 사과를 드립니다.
6. 학생들이 선생님께 편지를 드립니다.
7. 아버지께서 저에게 용돈을 주십니다.
8. 동생이 어머니를 도와드립니다.

■ 연습 3　　　　　　　　　　　　　　　　45p

01　① 아버지<u>께서는</u> 차가 있으십니다.
　　② 아버지<u>께서는</u> 자전거가 없으십니다.
　　③ 아버지<u>께서는</u> 노트북이 있으십니다
　　④ 아버지<u>께서는</u> 시계가 없으십니다.
　　⑤ 아버지<u>께서는</u> 카메라가 없으십니다.

02　① 저는 차가 없습니다.
　　② 저는 시계가 있습니다.
　　③ 저는 휴대폰이 있습니다.
　　④ 저는 볼펜이 있습니다.
　　⑤ 저는 한복이 없습니다.

03　① 할머니<u>께서는</u> 노트북이 없으십니다.
　　② 할머니<u>께서는</u> 피아노가 없으십니다.
　　③ 할머니<u>께서는</u> 안경이 있으십니다.
　　④ 할머니<u>께서는</u> 요리책이 있으십니다.
　　⑤ 할머니<u>께서는</u> TV가 있으십니다.

■ 연습 4　　　　　　　　　　　　　　　　45p

① 할아버지께서 집에 안 계십니다/계세요
② 할머니께서 집에 계십니다
③ 어머니께서 집에 안 계십니다
④ 동생이 집에 있습니다

⑤ 고양이가 집에 있습니다
⑥ 아버지께서 집에 안 계십니다.

5. 조사 쓰기

1 N은/는

■ 연습 1　　　　　　　　　　　　　　　　50p

1. 저는 ＿＿＿ 입니다.
2. 저는 중국/ ? 사람입니다.
3. 저는 <u>학생</u>/ ? 입니다.
4. 저는 20살입니다.
5. 제 친구 집은 서울입니다.
6. 우리 가족은 5명입니다.
7. 제가 좋아하는 것은 한국 음식입니다.

■ 연습 2　　　　　　　　　　　　　　　　50p

1. 여기는 기숙사입니다.
2. 오늘은 월요일입니다
3. 지금은 9시입니다
4. 이것은 가방입니다
5. 그 책은 친구의 책입니다
6. 제 생일은 <u>10월 27일</u>/ ? 입니다
7. 우리 학교는 <u>한국대학교</u>/ ? 입니다

■ 연습 3　　　　　　　　　　　　　　　　51p

1. 2층에는 화장실이 있습니다.
2. 집에서는 일을 하지 않습니다.
3. 불고기는 그 식당이 맛있습니다.
4. 한국어 책은 그 서점에 많습니다.
5. 전화는 여기에서 할 수 있습니다.
6. 은행은 여기에 없습니다.
7. 요리는 여기에서 합니다.
8. 다리는 안 아픕니다.

■ 연습 4　　　　　　　　　　　　　　　　51p

1. 학교는 가깝지만[가깝고] 공항은 멉니다.
2. 커피는 따뜻하지만 주스는 시원합니다.
3. 딸기는 좋아하지만 사과는 싫어합니다.
4. 키는 작지만 손과 발은 큽니다.
5. 이 식당은 맛있지만 저 식당은 맛없습니다.

6 서울에는 눈이 오지만 부산에는 비가 옵니다.
7 김치는 맵지만 불고기는 안 맵습니다.

2 N이/가

■ 연습 1   53p

1. 냉장고에 우유가 있습니다/있어요
2. 냉장고에 햄버거가 없습니다/없어요
3. 냉장고에 케이크가 있습니다/있어요
4. 냉장고에 달걀(계란)이 있습니다/있어요
5. 냉장고에 피자가 없습니다/없어요
6. 냉장고에 닭고기가 있습니다/있어요
7. 냉장고에 당근이 없습니다/없어요
8. 냉장고에 맥주가 있습니다/있어요
9. 냉장고에 콜라가 없습니다/없어요

■ 연습 2   53p

1. 집에 소파가 없습니다/없어요.
2. 집에 옷장이 있습니다/있어요.
3. 집에 고양이가 없습니다/없어요.
4. 집에 침대가 있습니다/있어요.
5. 집에 그림이 없습니다/없어요.
6. 집에 시계가 있습니다/있어요.
7. 집에 의자가 있습니다/있어요.
8. 집에 책상이 있습니다/있어요.
9. 집에 꽃이 있습니다/있어요.

■ 연습 3   54p

1. 오늘은 토요일이 아닙니다/아니에요.
2. 저는 한국사람이 아닙니다/아니에요.
3. 여기는 우리 교실이 아닙니다/아니에요.
4. 저는 회사원이 아닙니다/아니에요.
5. 그 사람은 제 남자친구가 아닙니다/아니에요.
6. 이것은 제 지갑이 아닙니다/아니에요.
7. 지금은 방학이 아닙니다/아니에요.

■ 연습 4   54p

1. 자동차가	2. 날씨가	3. 그 남자가
4. 음식이	5. 옷이	6. 영화가
7. 다리가	8. 교실이	9. 과일이
10. 기분이	11. 케이크가	12. 가방이

13. 아기가	14. 떡볶이가	15. 바지가
16. 바다가	17. 산이	18. 도서관이
19. 머리가	20. 지하철역이	

■ 종합연습 1   55p

1. 은	2. 는, 이	3. 는, 가
4. 은, 이	5. 이	6. 는, 이
7. 이	8. 가	9. 은, 이
10. 가	11. 는	12. 이 / 은
13. 는, 이	14. 가, 은	15. 는, 가
16. 은, 이	17. 은, 이	18. 이, 이
19. 이, 은	20. 은, 이	

■ 종합연습 2   56p

1. 오늘은 수업이 없습니다.
2. 서울은 지하철이 복잡합니다.
3. 저는 한국 노래가 좋습니다.
4. 여기는 도서관이 아닙니다.
5. 우리는 시간이 많습니다.
6. 저는 차가 없습니다.
7. 제주도는 바다가 아름답습니다.
8. 그 아이는 눈이 예쁩니다.
9. 눈이 왔습니다.
10. 영화가 끝났습니다.
11. 오늘은 휴일이 아닙니다.
12. 그 친구는 머리가 깁니다.
13. 그 호텔은 방이 깨끗합니다.
14. 그 버스가 먼저 도착했습니다.
15. 제 룸메이트가 전화했습니다.
16. 학생들이 모두 왔습니다.
17. 시험이 아주 어렵습니다.
18. 지금은 사과가 비쌉니다.
19. 저는 요리가 재미있습니다.
20. 우리 집 고양이가 웁니다.

3 N에

■ 연습 1   58p

1. 옆에 있습니다.	2. 앞에 있습니다.
3. 뒤에 있습니다 .	4. 사이에 있습니다.
5. 옆에 있습니다.	6. 앞에 있습니다.

■ 연습 2 · 58p

1. 밤에 영화를 보고 잡니다.
2. 월요일 아침 8시에 학교에 갔습니다.
3. 5월 5일에 가족들과 여행을 갔습니다.
4. 2020년에 우리는 만났습니다.
5. 어제 아침 9시에 일어났습니다.
6. 저는 매일 책을 읽습니다.

4 N에서

■ 연습 1 · 60p

01. 1. 공원에서 친구와 산책을 했습니다.
　　 2. 공원에서 운동을 했습니다.
　　 3. 공원에서 친구들과 놀았습니다.

02. 1. 공항에서 비행기를 탑니다.
　　 2. 공항에서 비행기를 기다립니다.
　　 3. 공항에서 커피를 마십니다.

03. 1. 학교에서 한국어를 배웁니다.
　　 2. 학교에서 친구를 만났습니다.
　　 3. 학교에서 책을 읽었습니다.

04. 1. 집에서 쉴 겁니다.
　　 2. 집에서 드라마를 볼 겁니다.
　　 3. 집에서 요리를 할 겁니다.

05. 생략

■ 종합연습 1 · 61p

1. 에서	2. 에	3. 에서
4. 에서	5. 에서, 에	6. 에서
7. 에서	8. 에	9. 에서
10. 에	11. 에, 에	

■ 종합연습 2 · 61p

1. 과일이 냉장고에 있습니다.
2. 식당에서 점심을 먹었습니다.
3. 집에서 영화를 볼 겁니다.
4. 토니 씨가 소파에서 쉽니다.
5. 백화점에 사람들이 많습니다.
6. 학생들이 기숙사에(에서) 삽니다.
7. 주말에 학교에 안 갑니다.
8. 후엔 씨는 베트남에서 왔습니다.
9. 공원에서 자전거를 탑니다.

■ 종합연습 3 · 62p

1. 저는 집에서 　×
2. 저는 학교에서 한국어를
3. 저는 도서관에 　×
4. 아이가 어머니께 편지를
5. 고양이가 의자 위에서 (잠을)
6. 학생들이 학교 앞에서 버스를
7. 할머니께서는 거실에서 드라마를
8. 지나 씨가 버스정류장에서 버스를
9. 우리 누나는 회사에서 　×
10. 아주머니께서 시장에서 과일을
11. 제 동생은 대학교에 　×
12. 제니 씨가 카페에서 커피를
13. 제 친구가 부엌에서 김밥을
14. 수진 씨가 의자에 　×
15. 아이가 공원에서 　×
16. 저는 편의점에서 라면을
17. 우리 형은 서울에서(에) 　×
18. 민수 씨가 사무실에서 전화를
19. 저는 집에서 음악을
20. 선생님이 학교에서 한국어를

5 N을/를

■ 연습 1 · 64p

1. ○	2. ×	3. ×	4. ○	5. ×
6. ×	7. ×	8. ○	9. ×	10. ×
11. ×	12. ○	13. ×	14. ×	15. ○
16. ○	17. ×	18. ×	19. ○	20. ×

■ 연습 2 · 64p

1. 술을 마셨습니다.	9. 운동화를 살 겁니다.
2. 방학을 기다립니다.	10. 주소를 압니다.
3. 케이크를 만듭니다.	11. 한국어를 잘합니다.
4. 선생님을 만났습니다.	12. 잡지를 읽습니다.
5. 한복을 입었습니다.	13. 옷을 팝니다.
6. 영화를 봤습니다.	14. 기차를 탑니다.
7. 창문을 엽니다.	15. 신발을 바꿉니다.
8. 책을 빌렸습니다.	16. 친구를 사귑니다.

■ 연습 3   65p

1. 저는 고기를 좋아합니다/좋아해요
2. 저는 과일을 좋아합니다/좋아해요
3. 저는 운동을 싫어합니다/싫어해요
4. 저는 개를 좋아합니다
5. 저는 시험을 싫어합니다
6. 저는 여행을 좋아합니다

■ 연습 4   65p

1. 축구를 합니다/해요
2. 자전거를 탑니다/타요
3. 채소를(과일을) 팝니다/팔아요
4. 사진을 찍습니다/찍어요
5. 휴대폰을 봅니다/봐요
6. 버스를 기다립니다/기다려요
7. 물을 마십니다/마셔요
8. 음악을 듣습니다/들어요
9. 손을 씻습니다/씻어요

■ 종합연습 1   66p

1. 이, 을   2. 는, 가   3. 는, 가, 은
4. 이, 은   5. 가, 를   6. 가, 을
7. 가, 은   8. 는, 을, 는, 를
9. 는, 을, 를   10. 는, 을   11. 이, 을
12. 가, 를   13. 는, 이   14. 을, 를
15. 을, 이   16. 은, 는   17. 는, 을, 이
18. 가, 을   19. 가, 을, 이   20. 를, 를

■ 종합연습 2   67p

1. 기차에서 음악을 듣습니다.
2. 집에서 드라마를 봤습니다.
3. 학교에 박물관이 있습니다.
4. 공항에서 비행기를 기다립니다.
5. 시장에서 딸기를 샀습니다.
6. 지하철에서 신문을 읽습니다.
7. 공원에서 자전거를 탑니다.
8. 요즘 한국 요리를 배웁니다.
9. 언니가(는) 방에서 쉽니다.
10. 방학에 여행을 갔습니다.
11. 아침에 창문을 엽니다.
12. 식당에서 김밥을 먹었습니다.

13. 지금 전화를 안 받습니다.
14. 내일 고향에 갑니다.
15. 그 친구는 노래를 잘합니다.
16. 아이가(는) 엄마 옆에서 잡니다.
17. 형이(은) 백화점에서 일합니다.
18. 학생들이(은) 운동장에서 놉니다.
19. 그 사람은(이) PC방에서 게임합니다.
20. 민수 씨는(가) 수영을 가르칩니다.

⑥ N에게/께 (N한테)

■ 연습 1   69p

1. 선생님이(께서) 학생에게 선물을 주십니다.
2. 제니 씨가 민정 씨에게 말합니다.
3. 지연 씨가 켈리 씨에게 전화합니다.
4. 아이가 어머니께 꽃을 드립니다.
5. 민수 씨가 112에 전화합니다.
6. 루카스 씨가 민수 씨에게 편지를 씁니다.

■ 연습 2   69p

1. 영수 씨는 나연 씨에게 말합니다.
2. 나연 씨는 지나 씨에게 사과를 줬습니다.
3. 지나 씨는 성재 씨에게 책을 줬습니다.
4. 성재 씨는 민호 씨에게 전화했습니다.
5. 민호 씨는 준성 씨에게 갑니다.
6. 생략

⑦ N도

■ 연습 1   71p

1. 침대도, 책상도, 소파도
2. 돈도, 신용카드도, 컴퓨터도
3. 수진 씨도, 제 동생도, 선생님도
4. 딸기도, 수박도, 사과도
5. 지민 씨도, 민수 씨도, 태양 씨도
6. 시장에도, 백화점에도, 마트에도
7. 도서관에서도, 지하철에서도, 교실에서도
8. 언니에게도, 동생에게도, 부모님께도

⑧ N부터 N까지/N에서 N까지

■ 연습 1   73p

1. 열 두 시부터 일곱 시까지 잠을 잡니다/자요.

2. 7시부터 7시 20분까지 샤워합니다.

3. 7시 30분부터 8시 20분까지 버스를 탑니다.

4. 9시부터 12시 50분까지 한국어를 배웁니다.

5. 1시부터 2시까지 점심을 먹습니다.

6. 2시부터 5시까지 도서관에서 공부합니다.

7. 5시부터 6시까지 운동을 합니다.

8. 9시부터 11시까지 TV를 봅니다.

■ 연습 2   73p

1. 미국에서 한국까지 비행기를 타고 갑니다/가요

2. 부산에서 제주도까지 배를 타고 갑니다.

3. 집에서 공항까지 버스를 타고 갑니다.

4. 집에서 시장까지 자전거를 타고 갑니다.

5. 기차역에서 집까지 택시를 타고 갑니다.

6. 회사에서 시내까지 오토바이를 타고 갑니다.

7. 교실에서 도서관까지 걸어서 갑니다.

9 N과/와

■ 연습 1   75p

1. 바지와 운동화를 샀습니다/샀어요.

2. 민수 씨와 지영 씨는 제 친구입니다.

3. 피자와 스파게티를 먹었습니다.

4. 김치와 떡볶이가 맵습니다.

5. 친구와 같이 숙제했습니다.

6. 선생님과 같이 차를 마셨습니다.

7. 어머니와 같이 쇼핑할 겁니다.

■ 연습 2   75p

1. 지연 씨는 교실에서 민수 씨와 이야기합니다.

2. 민수 씨는 카페에서 여자 친구와 데이트했습니다.

3. 준영 씨는 예식장에서 미나 씨와 결혼했습니다.

4. 수진 씨는 집에서 남편과 싸웁니다.

5. 민아는 집에서 남동생과 놉니다.

10 N(으)로

■ 연습 1   77p

1. 에	2. 에서	3. 로	4. 로
5. 에	6. 에	7. 로	8. 으로
9. 에	10. 에		

■ 연습 2   77p

1. 게는 옆으로 걷습니다/걸어요.

2. 친구가 매일 도서관에 갑니다.

3. 그 친구는 영어로 편지를 씁니다.

4. 사람들은 왼쪽으로 갑니다.

5. 어머니께서 방 안으로 들어가십니다.

6. 이번 주말에 부산에 갑니다.

7. 학생들은 한국말로 인사합니다.

8. 아이가 나무 아래로 가고 있습니다.

9. 친구가 어제 우리 집에 왔습니다.

10. 기차가 지금 서울로 갑니다.

11 N의 N

■ 연습 1   79p

1. 한국의 산	11. 우리 학교의 기숙사
2. 제 친구의 집	12. 우리 할머니
3. 우리 도서관의 책	13. 우리 회사의 사장님
4. 친구의 생일 선물	14. 민아 씨의 언니
5. 제 취미	15. 제 친구의 방
6. 우리나라의 음식	16. 제 동생
7. 네 친구의 직업	17. 우리 선생님
8. 우리 가족의 사진	18. 제 남자 친구
9. 우리 형의 차	19. 어머니의 편지
10. 그 가수의 노래	20. 제 친구의 고향

■ 연습 2   79p

1. 어제 그 회사의 컴퓨터를 샀습니다.

2. 저는 선생님의 책을 빌렸습니다.

3. 민수 씨는 그 가수의 노래를 듣습니다.

4. 그 학생은 친구의 전화를 받았습니다.

5. 저는 제 친구의 부모님을 만났습니다.

6. 저는 그 사람의 주소를 압니다.

7. 저는 그 사람의 눈을 봤습니다.

8. 저는 그 사람의 편지를 읽었습니다.

6. 부사어 쓰기

■ 연습 1   81p

1. 매일	2. 혼자	3. (아주) 많이	4. 늦게
5. 아주 잘	6. 아주	7. (정말) 많이	
8. 제일 많이	9. 많이	10. 많이 / 오래	

1. 어제 비가 너무 많이 왔습니다.

2. 제 친구는 금요일을 제일 좋아합니다.

3. 저는 주말에 아주 늦게 일어납니다.

4. 매일 친구와 같이 도서관에 갑니다.

5. 그 친구는 아주 열심히 공부합니다.

6. 그 아이는 밥을 너무 조금 먹습니다.

7. 관형어 쓰기

1 A-(으)ㄴ/는 + N

1. 맛있는	2. 가벼운	3. 긴
4. 재미있는	5. 비싼	6. 친하지 않은
7. 더운	8. 멋있는	9. 단
10. 맵지 않은	11. 슬픈	12. 힘든
13. 어려운	14. 조용한	

1. 재미있는	2. 비싼	3. 머리가 짧은
4. 친절한	5. 추운	6. 어려운
7. 복잡한	8. 피곤한	9. 큰	10. 편한

2 V-는 + N

1. 백화점에 쇼핑하는 사람들이 많습니다.

2. 도서관에 책을 빌리는 사람들이 많습니다.

3. 우체국에 소포를 보내는 사람들이 많습니다.

4. 박물관에서 구경하는 사람들을 봤습니다.

5. 공원에서 산책하는 사람들을 봤습니다.

6. 생략

1. 지금 커피를 마시는 사람은 스티븐입니다.

2. 지금 음악을 듣는 사람은 제니입니다.

3. 지금 요가를 하는 사람은 리나입니다.

4. 지금 운전을 하는 사람은 민수입니다.

5. 지금 요리를 하는 사람은 제임스입니다.

6. 지금 우는 사람은 철수입니다.

3 관형사

1. ○	2. ×	3. ×	4. ×	5. ○
6. ×	7. ×	8. ×	9. ○	10. ○

1. 주스를 한 병 샀습니다/샀어요.

2. 우리 교실은 삼 층입니다.

3. 오늘 오 번 버스를 탔습니다.

4. 몇 시에 점심을 먹습니까?

5. 어떤 음식을 좋아합니까?

6. 어느 학교에 다닙니까?

7. 백화점에서 새 옷을 샀습니다.

8. 저는 언니가 한 명 있습니다.

9. 어제 밥을 두 그릇 먹었습니다.

10. 오늘 무슨 요일입니까?

4 N(의) N

1. 시험 공부	2. 박물관 구경	3. 가족 여행
4. 어제 아침	5. 한국말 연습	6. 학생 식당
7. 방학 계획	8. 생일 선물	9. 약속 시간
10. 이메일 주소	11. 기차표 예매	
12. 한국어 반 친구		

1. 우리 아버지	2. 우리 어머니
3. 제 동생	4. 우리 학교
5. 우리 선생님	6. 민수 씨의 가방
7. 수정 씨의 노트북	8. 그 가수의 노래
9. 진아 씨의 전화	10. 그 사람의 선물

1. 맛있는, 좋은	2. 두꺼운, 따뜻한
3. 친절한, 재미있는	4. 짧은, 높은
5. 매운, 단	6. 어려운, 쉬운
7. 넓은, 큰	8. 힘든, 힘들지 않은

1. 맛있는 커피가 있습니다.

2. 예쁜 옷을 샀습니다.

3. 귀여운 아이를 만났습니다.

4. 긴 치마를 입었습니다.

5. 슬픈 영화를 봤습니다.

6. 빠른 기차를 탔습니다.

7. 시원한 맥주를 마셨습니다.

8. 아름다운 노래를 들었습니다.

■ 종합연습 3　　　　　　　　　　　91p

1. 요리를 잘하는　　　　2. 만드는/먹는,　불고기

3. 예쁜 /멋있는　　　　　4. 아픈, 친절한

5. 받고 싶은, 꽃　　　　　6. 재미있는/슬픈/무서운

7. 출발하는　　　　　　　8. 사랑하는,　맛있는

9. 매운/맵지 않은/단　　10. 아름다운

11. 물건을 파는, 물건을 사는 12. 힘든, 따뜻한

13. 운동하는/쉬는　　　　14. 쉬는

15. 시원한,　한　　　　　16. 어느,　몇

8. 불규칙 서술어 쓰기

❶ 'ㅂ' 불규칙

■ 연습 1　　　　　　　　　　　95p

1. 춥습니다, 추워요, 춥고, 추우면, 추운

2. 뜨겁습니다, 뜨거워요, 뜨겁고, 뜨거우면, 뜨거운

3. 아름답습니다, 아름다워요, 아름답고, 아름다우면, 아름다운

4. 더럽습니다, 더러워요, 더럽고, 더러우면, 더러운

5. 두껍습니다, 두꺼워요, 두껍고, 두꺼우면, 두꺼운

6. 돕습니다, 도와요, 돕고, 도우면, 돕는

7. 귀엽습니다, 귀여워요, 귀엽고, 귀여우면, 귀여운

8. 싱겁습니다, 싱거워요, 싱겁고, 싱거우면, 싱거운

9. 무섭습니다, 무서워요, 무섭고, 무서우면, 무서운

■ 연습 2　　　　　　　　　　　95p

1. 매워요　　2. 도와요.　　3. 추워요.　　4. 뜨거워요

5. 가벼워요　6. 무거워요　7. 어려워요

8. 아름다워요 9. 귀여워요　10. 가까워요

❷ 'ㄷ' 불규칙

■ 연습 1　　　　　　　　　　　97p

1. 듣습니다, 들어요, 듣고, 들으면, 듣는

2. 걷습니다, 걸어요, 걷고, 걸으면, 걷는

3. 닫습니다, 닫아요, 닫고, 닫으면, 닫는

4. 묻습니다, 물어요, 묻고, 물으면, 묻는

5. 받습니다, 받아요, 받고, 받으면, 받는

6. 믿습니다, 믿어요, 믿고, 믿으면, 믿는

■ 연습 2　　　　　　　　　　　97p

1. 들어요.　　2. 물어요.　　3. 걸어요.

4. 들어요.　　5. 받아요.　　6. 닫어요.

7. 받아요.　　8. 들어요.　　9. 받아요.

10. 물어요.　11. 받아요.　12. 걸어요.

❸ 'ㅡ' 탈락

■ 연습 1　　　　　　　　　　　99p

1. 큽니다, 커요, 크면, 크고, 큰

2. 기쁩니다, 기뻐요, 기쁘면, 기쁘고, 기쁜

3. 씁니다, 써요, 쓰면, 쓰고, 쓰는

4. 바쁩니다, 바빠요, 바쁘면, 바쁘고, 바쁜

5. 아픕니다, 아파요, 아프면, 아프고, 아픈

6. 슬픕니다, 슬퍼요, 슬프면, 슬프고, 슬픈

7. 끕니다, 꺼요, 끄면, 끄고, 끄는

■ 연습 2　　　　　　　　　　　99p

1. 아파요　　2. 꺼요　　3. 예뻐요　　4. 써요

5. 나빠요　　6. 써요　　7. 커요

8. 슬퍼요　　9. 바빠요　　10. 나빠요

❹ 'ㄹ' 탈락

■ 연습 1　　　　　　　　　　　101p

1. 멉니다, 멀어요, 멀면, 멀고, 먼

2. 팝니다, 팔아요, 팔면, 팔고, 파는

3. 웁니다, 울어요, 울면, 울고, 우는

4. 엽니다, 열어요, 열면, 열고, 여는

5. 놉니다, 놀아요, 놀면, 놀고, 노는

6. 깁니다, 길어요, 길면, 길고, 긴

7. 겁니다, 걸어요, 걸면, 걸고, 거는

8. 답니다, 달아요, 달면, 달고, 단

9. 듭니다, 들어요, 들면, 들고, 드는

■ 연습 2 101p

1. 삽니다　　2. 웁니다　　3. 엽니다　　4. 만듭니다
5. 힘듭니다　6. 팝니다　　7. 깁니다　　8. 압니다
9. 놉니다　　10. 답니다

■ 종합연습 1 102p

1. 고마웠습니다.　2. 어려웠습니다　3. 아름다워서
4. 추워서　　　　5. 바쁩니다　　　6. 커서
7. 만들　　　　　8. 듣고　　　　　9. 써서
10. 걸으면서　　　11. 가볍습니다, 입습니다
12. 힘들면　　　　13. 귀여워서
14. 가깝지만, 멉니다　　　　15. 매웠습니다
16. 슬퍼서

■ 종합연습 2 103p

1. 가방이 **무거워서** 팔이 아파요.
2. 친구가 보고 싶어서 편지를 **써요**.
3. 음악을 **들으면서** 공부해요.
4. 아기는 **배고프면** 울어요.
5. 저는 아픈 친구를 **도왔어요**.
6. 한국어가 **어렵지만** 열심히 공부할 거예요.
7. 이 옷이 **커서** 바꾸고 싶어요.
8. 제 친구의 긴 머리가 너무 예뻐요.
9. 그 일이 힘들면 안 할 거예요.
10. 우리 엄마는 슬픈 영화를 보면 웁니다.
11. 그 친구가 **사는** 곳은 서울입니다.
12. 날씨가 **더우면** 시원한 커피를 마십니다.
13. 눈이 **아파서** 숙제를 못 합니다.
14. 그 책이 **두껍고** 어려워요.
15. 그 영화배우가 아주 **예뻐요**.
16. 학교가 **멀어서** 시간이 많이 걸립니다.
17. 그 시장에서 **파는** 과일이 맛있어요.
18. 어제 슬픈 이야기를 들었어요.
19. 커피가 **뜨거워서** 천천히 마셨습니다.
20. 오늘은 날씨가 좋아서 많이 **걸었어요**.

II 문장 종결 표현하기

※ 문제 유형에 따라 예시 답안을 참고하여 자유롭게 쓸 수 있습니다.

1. V-고 싶다/싶어 하다

1 V-고 싶다

■ 연습 1 108p

1	만나고 싶습니다	6	받고 싶어요
2	돕고 싶습니다	7	알고 싶어요
3	울고 싶습니다	8	걷고 싶어요
4	바꾸고 싶습니다	9	잘하고 싶어요
5	사귀고 싶습니다	10	가르치고 싶어요

2 V-고 싶어 하다

■ 연습 2 109p

1	찍고 싶어 합니다	6	자고 싶어 해요
2	받고 싶어 합니다	7	보고 싶어 해요
3	타고 싶어 합니다	8	묻고 싶어 해요
4	춤추고 싶어 합니다	9	말하고 싶어 해요
5	빌리고 싶어 합니다	10	공부하고 싶어 해요

■ 종합연습 1 110p

1. 만들고 싶습니다/싶어요
2. 고향, 가고 싶어 합니다
3. 만나고 싶습니다
4. 쉬고 싶어 합니다
5. 사고 싶습니다
6. 불고기를, 먹고 싶어 합니다
7. 바꾸고 싶습니다
8. 보고 싶어 합니다

■ 종합연습 2 110p

1. 축구를, 하고 싶어 합니다
2. 삼겹살을, 먹고 싶어 합니다
3. 받고 싶어 했
4. 차를 마시고 싶어 합니다

5. 찍고 싶습니다
6. 운동을, 하고 싶습니다
7. 중국어를, 배우고 싶어 합니다
8. 울고 싶었 9. 생략 10. 생략

■ **종합연습 3** 111p

01. 여자는 남자와 이야기하고 싶어 합니다.
여자는 음악을 듣고 싶어 합니다.
남자는 술을 마시고 싶어 합니다.
남자는 운동을 하고 싶어 합니다.

02. 어머니는 영화를 보고 싶어 합니다.
어머니는 쇼핑을 하고 싶어 합니다.
아이는 게임을 하고 싶어 합니다.
아이는 축구를 하고 싶어 합니다.

03. 경복궁에 가고 싶습니다.
N서울 타워에 가고 싶습니다.
맛있는 한국 음식을 먹고 싶습니다.
동대문 시장에 가서 쇼핑하고 싶습니다.

2. V-고 있다

■ **연습 1** 112p

1	자고 있습니다	6	찾고 있어요
2	울고 있습니다	7	쓰고 있어요
3	걷고 있습니다	8	입고 있어요
4	쉬고 있습니다	9	만나고 있어요
5	지내고 있습니다	10	구경하고 있어요

■ **연습 2** 113p

1. 울고 있습니다 2. 듣고 있습니다
3. 산책하고 있습니다 4. 쉬고 있습니다
5. 마시고 있습니다 6. 먹고 있습니다
7. 사고 있습니다 8. 보고 있습니다
9. 이야기하고 있습니다 10. 읽고 있습니다
11. 치고 있습니다 12. 가고 있습니다
13. 만들고 있습니다 14. 일하고 있습니다
15. 가르치고 있습니다 16. 자고 있습니다
17. 보내고 있습니다

■ **연습 3** 114p

1. 민수 씨는 지금 샤워를 하고 있습니다.
_____ (지금) 회의를 하고 있습니다.
_____ (지금) 운전을 하고 있습니다.
2. 미나 씨는 수업을 듣고 있습니다.
_____ 도서관에서 책을 읽고 있습니다.
_____ 선생님과 이야기하고 있습니다.
3. 안나 씨는 카페에서 커피를 마시고 있습니다.
_____ 식당에서 밥을 먹고 있습니다.
_____ 영화를 보고 있습니다.
4. 라자 씨는 박물관을 구경하고 있습니다.
_____ 사진을 찍고 있습니다.
_____ 지도를 보고 있습니다.

3. V-아/어야 되다[하다]

■ **연습 1** 115p

1	타야 됩니다	6	읽어야 돼요
2	꺼야 됩니다	7	빌려야 돼요
3	찍어야 됩니다	8	사귀어야 돼요
4	알아야 됩니다	9	가르쳐야 돼요
5	바꿔야 됩니다	10	산책해야 돼요

■ **연습 2** 116p

1. 청소해야 돼요/됩니다 2. 먹어야 돼요
3. 쉬어야 돼요 4. 앉아야 돼요
5. 배워야 돼요 6. 바꿔야 돼요
7. 사야 돼요 8. 꺼야 돼요
9. 입어야 돼요 10. 마셔야 돼요
11. 가야 돼요 12. 찍어야 돼요
13. 도와줘야 돼요 14. 써야 돼요
15. 신어야 돼요 16. 타야 돼요
17. 가르쳐야 돼요

■ **연습 3** 117p

1. 따뜻한 물을 마셔야 돼요.
많이 쉬어야 돼요.
약을 먹어야 돼요.

2. 케이크를 사야 돼요.
음식을 준비해야 돼요.

집을 청소해야 돼요.

3. 좋은 음악을 들어야 돼요.

밖에 나가서 산책해야 돼요.

친구들과 이야기해야 돼요.

4. 한국 친구를 사귀어야 돼요.

한국 영화와 드라마를 많이 봐야 돼요.

한국 책을 많이 읽어야 돼요.

4. V-아/어 보세요

■ 연습 1   118p

1	와 보세요	9	앉아 보십시오
2	물어 보세요	10	바꿔 보십시오
3	써 보세요	11	마셔 보십시오
4	배워 보세요	12	만들어 보십시오
5	이야기해 보세요	13	연락해 보십시오
6	쳐 보세요	4	웃어 보십시오
7	입어 보세요	15	걸어 보십시오
8	열어 보세요	16	다녀 보십시오

■ 연습 2   119p

1. (한번) 해 보세요   2. (한번) 물어 보세요

3. (한번) 써 보세요   4. (한번) 타 보세요

5. (한번) 마셔 보세요   6. (한번) 먹어 보세요

7. (한번) 만들어 보세요   8. (한번) 앉아 보세요

9. (한번) 입어 보세요   10. (한번) 전화해 보세요

■ 연습 3   119p

1. 맛있는 한국 음식을 한번 먹어 보세요.

2. 한국 영화를 한번 보세요.

3. 한국 춤을 한번 배워 보세요.

4. 한국 노래를 한번 들어 보세요.

5. 한국 화장품을 한번 써 보세요.

5. V-아/어 주다

■ 연습 1   120p

1	읽어 줍니다	6	말해 줘요
2	찍어 줍니다	7	빌려 줘요

3	바꿔 줍니다	8	써 줘요
4	그려 줍니다	9	놀아 줘요
5	예약해 줍니다	10	운전해 줘요

■ 연습 2   121p

1. 바꿔 주세요   2. 읽어 드립니다

3. 노래해 주세요   4. 말해 주세요

5. 가르쳐 줍니다   6. 만들어 주십니다

7. 써 드렸습니다   8. 빌려 주세요

9. 도와줄 겁니다   10. 사 주셨습니다

■ 연습 3   122p

1. 미나 씨는 제 이야기를 잘 들어 줍니다.

2. 미나 씨는 저에게 한국어를 가르쳐 줍니다.

3. 미나 씨는 항상 저를 기다려 줍니다.

4. 미나 씨는 저에게 커피를 사 줍니다.

5. 미나 씨는 저에게 한국 음식을 만들어 줍니다.

■ 연습 4   122p

1. 먼저 부모님의 방을 청소해 드렸습니다.

2. 그리고 저는 부모님께 요리를 해 드렸습니다.

3. 저는 부모님의 빨래를 해 드렸습니다.

4. 부모님께 과일을 사 드렸습니다.

5. 저녁에 운전을 해 드렸습니다.

6. V-(으)ㄹ까요?

■ 연습 1   123p

1	탈까요?	6	찍을까요?
2	걸을까요?	7	살까요?
3	읽을까요?	8	마실까요?
4	사귈까요?	9	놀까요?
5	만날까요?	10	축구할까요?

■ 연습 2   124p

1. 학교 근처에 있는 영화관에 가서 ~

2. 학교 앞에 있는 카페에 가서 차를 마실까요?

3. 우리가 좋아하는 그 식당에서 밥을 먹을까요?

4. 생략

■ 연습 3　　　　124p

1. 우리 어디로 여행을 갈까요?
2. 우리 언제 여행을 갈까요?
3. 우리 어디에서 잘까요?
4. 우리 여행 가서 무엇을 할까요?
5. 우리 무슨 음식을 먹을까요?
6. 우리 어떤 음악을 들을까요?

7. V-(으)러 가다[오다]

■ 연습 1　　　　125p

1	찍으러 갑니다	6	타러 가요
2	사러 갑니다	7	놀러 가요
3	보러 갑니다	8	도우러 가요
4	배우러 갑니다	9	보내러 가요
5	씻으러 갑니다	10	쇼핑하러 가요

■ 연습 2　　　　126p

1. 저는 돈을 찾으러 은행에 갑니다.
2. 손님들이 과일을 사러 과일 가게에 옵니다.
3. 저는 커피를 마시러 커피숍에 갔습니다.
4. 수진 씨는 비행기를 타러 공항에 갈 겁니다.
5. 저는 산책하러 공원에 갈 겁니다.
6. 우리 아버지는 캠핑하러 산에 가십니다.
7. 민수 씨는 책을 읽으러 도서관에 갔습니다.
8. 성준 씨는 수영하러 바다에 갈 겁니다.

■ 연습 3　　　　126p

1. 밥을 먹으러 갑니다.　　배가 고파서 갑니다.
2. 쉬러 갑니다.　　피곤해서 갑니다.
3. 게임하러 갑니다.　　심심해서 갑니다.
4. 라면을 사러 갑니다.　　라면이 없어서 갑니다.
5. 운동하러 갑니다.　　날씨가 좋아서 갑니다.
6. 빵을 사러 갑니다.　　빵이 먹고 싶어서 갑니다

8. V-(으)려고 하다

■ 연습 1　　　　127p

1	타려고 합니다	6	읽으려고 해요
2	신으려고 합니다	7	빌리려고 해요
3	열려고 합니다	8	사귀려고 해요
4	찾으려고 합니다	9	초대하려고 해요
5	바꾸려고 합니다	10	일어나려고 해요

■ 연습 2　　　　128p

01.

02. 1. 같이 영화를 보려고 합니다.
2. 친구와 게임을 하려고 합니다.
3. 부모님과 여행하려고 합니다.
4. 운동을 하지 않으려고 합니다.
5. 옷을 사지 않으려고 합니다.

03. 1. 여행을 하려고 했습니다.
2. 냉면을 먹으려고 했습니다.
3. 수영을 하려고 했습니다.
4. 제주도에 가려고 했습니다.
5. 신문을 읽으려고 했습니다.
6. 사진을 찍으려고 했습니다.
7. 편지를 쓰려고 했습니다.

9. V-(으)ㄹ게요

■ 연습 1　　　　129p

1	볼게요	6	읽을게요
2	탈게요	7	보낼게요
3	찾을게요	8	드릴게요
4	있을게요	9	준비할게요
5	빌려줄게요	10	도와줄게요

■ 연습 2　　　　130p

1. 갈게요　　2. 할게요　　3. 늦지 않을게요
4. 잘 들을게요　　5. 보지 않을게요

■ 연습 3 130p

1. 이따가 오후에 전화할게요.
2. 열심히 공부할게요.
3. 출근 시간에 늦지 않을게요.
4. 꼭 약을 먹을게요.
5. 여러분의 사랑을 잊지 않을게요.
6. 항상 사랑할게요.

■ 종합연습 1 131p

01. 1. 지금부터 집에서 게임하지 않을게요.
　　2. 지금부터 방 청소를 할게요.
　　3. 지금부터 콜라를 마시지 않을게요.
　　4. 지금부터 책을 열심히 읽을게요.
　　5. 지금부터 열심히 운동할게요.
　　6. 지금부터 TV를 보지 않을게요.

02. 1. 아침 7시에 산책할 거예요.
　　2. 오후 12시 30분에 점심을 먹을 거예요.
　　3. 오후 3시에 도서관에 갈 거예요.
　　4. 오후 5시에 친구를 만날 거예요.
　　6. 저녁 7시에 영화를 볼 거예요.

03. 1. 그냥 잠을 자려고 해요.
　　2. 음악을 들으려고 해요.
　　3. 축구 경기를 보려고 해요.
　　4. 테니스를 치려고 해요.
　　5. 데이트를 하려고 해요.

10. V-(으)ㄹ 수 있다[없다]

■ 연습 1 132p

1	읽을 수 있습니다	6	칠 수 없어요
2	열 수 있습니다	7	찍을 수 없어요
3	닫을 수 있습니다	8	걸을 수 없어요
4	춤출 수 있습니다	9	그릴 수 없어요
5	보낼 수 있습니다	10	가르칠 수 없어요

■ 연습 2 133p

1. 저는 기타를 칠 수 있어요/없어요.
2. 저는 수영을 할 수 있어요.
3. 저는 춤을 출 수 없어요.

4. 저는 외국어를 할 수 있어요.
5. 저는 요가를 할 수 없어요.
6. 저는 태권도를 할 수 있어요.
7. 저는 한국 노래를 할 수 있어요.
8. 저는 말을 탈 수 없어요.
9. 저는 자전거를 탈 수 있어요.
10. 저는 한국 음식을 만들 수 없어요.

■ 연습 3 133p

1. 시간이 없으면 친구를 만날 수 없습니다.
　 시간이 없으면 운동을 할 수 없습니다.
2. 돈이 많으면 비싼 차를 살 수 있습니다.
　 돈이 많으면 세계 여행을 할 수 있습니다.
3. 날씨가 안 좋으면 등산할 수 없습니다.
　 날씨가 안 좋으면 산책할 수 없습니다.
4. 친구가 있으면 같이 이야기할 수 있습니다.
　 친구가 있으면 축구를 할 수 있습니다.

11. V-(으)세요

■ 연습 1 134p

1	사세요	6	씻으십시오
2	웃으세요	7	받으십시오
3	걸으세요	8	노십시오
4	파세요	9	드십시오
5	노래하세요	10	운동하십시오

■ 연습 2 135p

1. 준비하세요/준비하십시오　　2. 공부하세요
3. 오세요　　　　　　　　　　4. 드세요
5. 사세요　　　　　　　　　　6. 타세요
7. 운동하세요　　　　　　　　8. 배우세요
9. 보세요　　　　　　　　　　10. 가세요

■ 연습 3 135p

1. 주말에 심심하면 이 영화를 보세요.
2. 다리가 아프면 앉으세요.
3. 감기에 걸리면 쉬세요.
4. 내일 시험이 있으면 공부하세요.
5. 한국에 가면 한국 음식을 드세요.

6. 날씨가 추우면 따뜻한 옷을 입으세요.
7. 한국어를 모르면 배우세요.

12. V-지 마세요

■ 연습 1   136p

1	가지 마세요	6	읽지 마십시오
2	타지 마세요	7	쓰지 마십시오
3	자지 마세요	8	마시지 마십시오
4	놀지 마세요	9	싸우지 마십시오
5	수영하지 마세요	10	전화하지 마십시오

■ 연습 2   137p
1. 음식을 먹지 마세요   2. 전화하지 마세요
3. 이야기하지 마세요   4. 자전거를 타지 마세요
5. 사진을 찍지 마세요   6. 앉지 마세요
7. 축구하지 마세요   8. 수영하지 마세요
9. 술을 마시고 운전하지 마세요
10. 담배를 피우지 마세요

■ 연습 3   137p
1. 혼자 오지 마세요   2. 운전하지 마세요
3. 신고 오지 마세요   4. 쓰지 마세요.
5. 늦지 마세요   6. 하지 마세요
7. 만들지 마세요   8. 샤워하지 마세요
9. 이야기하지 마세요   10. 들어오지 마세요

13. A/V-지요?

■ 연습 1   138p

1	쓰지요?	6	왔지요?
2	있지요?	7	다니지요?
3	모르지요?	8	싸웠지요?
4	힘들지요?	9	쉽겠지요?
5	친구지요?	10	아니지요?

■ 연습 2   139p
1. 왕명 씨가 중국 사람이지요?
2. 아이가 귀엽지요?

3. 시험이 끝났지요?
4. 지영 씨가 딸기를 좋아하지요?
5. 어제 비가 왔지요?
6. 나연 씨가 예쁘지요?
7. 아르바이트가 힘들지요?
8. 후엔 씨가 한국 노래를 듣지요?
9. 미아 씨가 한국 드라마를 보지요?
10. 민수 씨가 요즘 바쁘지요?

■ 연습 3   139p
1. 언제 시험을 보지요?
2. 오늘 누가 학교에 안 왔지요?
3. 왜 한국어를 배우지요?
4. 어떤 영화를 좋아하지요?
5. 이 음식을 어떻게 만들지요?
6. 화장실이 어디에 있지요?
7. 언제부터 아팠지요?

III 문장 연결 표현하기

※ 문제 유형에 따라 예시 답안을 참고하여 자유롭게 쓸 수 있습니다.

1. A/V-고

1 V-고 V(순서)

■ 연습 1　　　　　　　　　　　　　　　144p

1	운동하고	6	그리고
2	열고	7	씻고
3	만나고	8	보내고
4	받고	9	쓰고
5	배우고	10	입고

■ 연습 2　　　　　　　　　　　　　　　145p

1. 저는 숙제를 하고 쉽니다.
2. 저는 물을 마시고 운동합니다.
3. 저는 공부하고 정리합니다.
4. 저는 이를 닦고 세수합니다.
5. 저는 과일을 먹고 밥을 먹습니다.
6. 저는 커피를 마시고 일을 합니다.
7. 저는 바지를 입고 양말을 신습니다.
8. 저는 소설을 읽고 그 영화를 봅니다.
9. 저는 나쁜 것을 쓰고 좋은 것을 씁니다.
10. 힘든 일을 하고 쉬운 일을 합니다.

■ 연습 3　　　　　　　　　　　　　　　145p

1. 저는 운동하고 샤워합니다.
2. 저는 손을 씻고 밥을 먹습니다.
3. 저는 물을 마시고 잡니다.
4. 저는 빨래하고 청소합니다.
5. 저는 샤워하고 음악을 듣습니다.
6. 저는 밥을 먹고 TV를 봅니다.
7. 저는 숙제하고 게임합니다.
8. 저는 일하고 쉽니다.

2 A/V-고 (나열)

■ 연습 1　　　　　　　　　　　　　　　147p

1. 이 책이 어렵고 재미없습니다.
2. 싸고 맛있습니다.
3. 이 신발이 무겁고 불편합니다.
4. 오늘 날씨가 흐리고 춥습니다.
5. 이 도서관이 깨끗하고 조용합니다.
6. 저는 요즘 바쁘고 피곤합니다.

■ 연습 2　　　　　　　　　　　　　　　147p

1. 커피를 마시고 이야기했습니다.
2. 아주 편하고 좋습니다.
3. 박물관을 구경하고 기념품을 샀습니다.
4. 한국어를 배우고 친구를 만납니다.
5. 운동하고 산책했습니다.
6. 맛있는 음식을 먹고 영화를 볼 겁니다.
7. 우유를 마시고 빵을 먹습니다.

■ 연습 3　　　　　　　　　　　　　　　147p

1. 미영 씨는 예쁘고 똑똑합니다.
2. 수진 씨는 착하고 친절합니다.
3. 지민 씨는 멋있고 재미있습니다.

3 N을/를 타고 (교통)

■ 연습 1　　　　　　　　　　　　　　　148p

1. 저는 버스를 타고 학교에 갑니다.
2. 저는 배를 타고 제주도에 갔습니다.
3. 저는 택시를 타고 병원에 갈 겁니다.
4. 저는 비행기를 타고 고향에 가려고 합니다.
5. 저는 자전거를 타고 시장에 갔습니다.
6. 저는 걸어서 편의점에 가려고 합니다.
7. 저는 오토바이를 타고 마트에 갈 겁니다.
8. 저는 지하철을 타고 친구 집에 갔습니다.
9. 저는 차를 타고 백화점에 갔습니다.
10. 저는 기차를 타고 부산에 가고 싶습니다.

■ 종합연습 1　　　　　　　　　　　　　149p

1. 이 음식이 맵고 달아요.
2. 저는 다리가 아프고 배고파요.
3. 진아 씨는 영화를 보고 이야기해요.

4. 그 아이는 친구와 놀고 숙제를 했어요.
5. 저는 커피를 마시고 책을 읽어요.
6. 토니 씨는 한국어를 배우고 태권도를 했어요
7. 그 신발이 예쁘고 편해요.
8. 날씨가 덥고 비가 와요.
9. 시장이 시끄럽고 복잡해요.
10. 저는 한복을 입고 사진을 찍을 거예요

■ 종합연습 2 149p

우리는 방학에 여행을 갔습니다. 차를 타고 갔습니다. 배가 고파서 먼저 식당을 찾았습니다. 우리는 식당에 가서 맛있는 음식을 먹었습니다. 그리고 지도를 보고 박물관에 갔습니다. 거기에는 사람들이 많았습니다. 우리는 구경을 하고 사진을 찍었습니다. 저녁에는 호텔에 와서 저녁을 먹고 쉬었습니다. 조금 피곤했습니다.

2. A/V-지만

■ 연습 1 150p

1	많지만	7	바쁘지만
2	힘들지만	8	갔지만
3	어렵지만	9	비싸지만
4	작지만	10	더웠지만
5	나빴지만	11	재미없지만
6	이지만	12	아니지만

■ 연습 2 151p

1. 지하철이 복잡하지만 편리합니다/편리해요.
2. 그 음식이 비싸지만 맛있습니다.
3. 방이 작지만 깨끗합니다.
4. 아르바이트가 힘들지만 재미있습니다.
5. 저는 약을 먹었지만 지금도 아픕니다.
6. 나나 씨는 친구가 많지만 자주 만나지 않습니다.
7. 제 동생은 전에는 김치를 싫어했지만 지금은 좋아합니다.
8. 제 친구는 외국 학생이지만 한국말을 잘합니다.

■ 연습 3 151p

1. 저는 수영을 잘하지만 유미 씨는 ~
2. 어제는 더웠지만 오늘은 시원합니다.
3. 닭고기는 비싸지만 달걀은 쌉니다.

4. 떡볶이는 맛있지만 떡국은 맛없습니다.
5. 청소는 쉽지만 요리는 어렵습니다.
6. 내 방은 크지만 동생 방은 작습니다.
7. 나는 머리가 길지만 친구는 짧습니다.

3. A/V-아/어서

■ V-아/어서 V (순서)

■ 연습 1 152p

1	받아서	6	내려서
2	찾아서	7	바꿔서
3	찍어서	8	빌려서
4	사서	9	건너서
5	씻어서	10	일어나서

■ 연습 2 153p

01.

1. 만들어서 — 샐러드를
2. 찍어서 — 친구들과
3. 사서 — 운동을
4. 초대해서 — 파티를
5. 일어나서 — 오른쪽으로
6. 정리해서 — 옷장에
7. 씻어서 — 가족들과
8. 건너서 — 어머니께

■ 연습 3 153p

1. 마트에 가서 우유를 샀습니다.
2. 집에 와서 쉬었습니다.
3. 도서관에 가서 책을 읽었습니다.
4. 고향에 가서 친구를 만났습니다.
5. 바다에 가서 사진을 찍었습니다.

■ 연습 4 153p

1. 친구를 만나서 영화를 봤습니다.
2. 선생님을 만나서 이야기를 했습니다.
3. 어머니를 만나서 밥을 먹었습니다.
4. 좋아하는 사람을 만나서 데이트를 했습니다.

■ 연습 5　　　　　　　　　　　　　　　154p

1. 저는 한국에 가서 한국 문화를 배우고 싶습니다.
2. 저는 이메일을 써서 사장님께 보냈습니다.
3. 저는 저녁을 먹고 차를 마셨습니다.
4. 저는 선물을 사서 동생에게 줬습니다.
5. 주말에 친구를 만나서 시내에서 놀 겁니다.
6. 스파게티를 만들어서 친구와 같이 먹었습니다.
7. 어제 숙제를 하고 잤습니다.
8. 음악을 듣고 드라마를 볼 겁니다.
9. 도서관에서 책을 빌려서 읽었습니다.
10. 돈을 찾아서 코트를 샀습니다.
11. 손을 씻고 밥을 먹었습니다.

2 A/V-아/어서 (이유)

■ 연습 1　　　　　　　　　　　　　　　155p

1	먹어서	6	울어서
2	예뻐서	7	매워서
3	걸어서	8	쉬어서
4	많아서	9	마셔서
5	좋아해서	10	맛있어서

■ 연습 2　　　　　　　　　　　　　　　156p

01. 1. 저는 친구가 많아서 행복합니다.
　　2. 저는 사랑하는 가족이 있어서 행복합니다.
　　3. 저는 일이 힘들어서 행복하지 않습니다.
　　4. 저는 너무 바빠서 행복하지 않습니다.

02. 1. 어제 너무 피곤해서 숙제를 못 했습니다.
　　2. 어제 시간이 없어서 청소를 못 했습니다.
　　3. 어제 너무 아파서 공부를 못 했습니다.
　　4. 요즘 너무 바빠서 운동을 못 했습니다.

03. 1. 친구가 노래를 해서 잠을 잘 수 없습니다.
　　2. 아이가 피아노를 쳐서 잠을 잘 수 없습니다.
　　3. 어머니가 빨래를 해서 시끄럽습니다.
　　4. 친구가 청소를 해서 잠을 잘 수 없습니다.
　　5. 옆집에서 파티를 해서 시끄럽습니다.
　　6. 2층에서 아이들이 뛰어서 시끄럽습니다.
　　7. 동생이 게임을 해서 잠을 잘 수 없습니다.

■ 종합연습 1　　　　　　　　　　　　　157p

1. ×　　2. ×　　3. ○　　4. ×　　5. ○　　6. ×
7. ○　　8. ○　　9. ×　　10. ○　　11. ○　　12. ×

■ 종합연습 2　　　　　　　　　　　　　157p

1. 만나서	2. 그래서	3. 오지 않아서
4. 사서	5. 걸려서	6. 만들어서
7. 자서	8. 초대해서	9. 내려서

10. 하고 있어서

4. A/V-(으)면

■ 연습 1　　　　　　　　　　　　　　　158p

1	가면	6	나쁘면
2	오면	7	무거우면
3	더우면	8	슬프면
4	쓰면	9	멀면
5	만들면	10	받으면

■ 연습 2　　　　　　　　　　　　　　　159p

01. ① 저는 음악을 들으면 기분이 좋습니다.
　　② 저는 노래를 부르면 기분이 좋습니다.
　　③ 저는 운동을 하면 기분이 좋습니다.
　　④ 저는 친구를 만나면 기분이 좋습니다.

02. ① 힘들고 아프면 어머니께 전화합니다.
　　② 걱정이 있으면 언니에게 전화합니다.
　　③ 게임하고 싶으면 친구에게 전화합니다.

03. ① 친구와 식당에 갈 겁니다.
　　② 집에 가서 쉴 겁니다.
　　③ 아르바이트하러 갈 겁니다.

04. ① 부모님께 선물을 사 드리고 싶습니다.
　　② 큰 집을 사고 싶습니다.
　　③ 일하지 않고 놀고 싶습니다.

05. ① 혼자 공원을 걷습니다.
　　② 음악을 듣습니다.
　　③ 영화를 봅니다.

5. V-(으)면서

■ 연습 1   160p

1	읽으면서	6	보면서
2	들으면서	7	걸으면서
3	만들면서	8	울면서
4	기다리면서	9	춤추면서
5	운전하면서	10	전화하면서

■ 연습 2   161p

01. ① 저는 음악을 들으면서 숙제해요.
② 민수 씨는 커피를 마시면서 일해요.
③ 동생은 노래하면서 청소하고 있어요.
④ 친구는 공부하면서 아르바이트해요.

02. ① 저는 음악을 들으면서 책을 읽지 않아요.
② 저는 운전하면서 전화하지 않아요.
③ 저는 걸으면서 휴대폰을 보지 않아요.
④ 수진 씨는 요리하면서 TV를 보지 않아요.

03. ① 사람들은 비행기를 기다리면서 음악을 ~
② 비행기를 기다리면서 영화를 봅니다.
③ 비행기를 기다리면서 쇼핑을 합니다.
④ 비행기를 기다리면서 게임을 합니다.

Ⅳ 문장 유형별 쓰기

※ 문제 유형에 따라 예시 답안을 참고하여 자유롭게 쓸 수 있습니다.

1. N은/는 N이다

1-1 N은/는 N이다

■ 연습 1   168p

1. 제 고향은 부산입니다/이에요.
2. 그 사람은 한국 가수입니다.
3. 제 전화번호는 010-1234-5678입니다
4. 여기는 식당입니다.
5. 직업은 무엇입니까?
6. 그 친구는 제 룸메이트입니다
7. 파티는 몇 시입니까?
8. 어제는 지민 씨의 생일이었습니다.
9. 우리 가족은 4명입니다.
10. 우리 아버지는 회사원입니다.

■ 연습 2   168p

- 제 이름은 _____입니다. 고향은 부산입니다. 저는 회사원입니다. 자동차 회사에 다닙니다. 제 친구의 직업은 요리사입니다. 요리를 잘합니다. 제 취미는 요리입니다. 요리를 잘 못하지만 재미있습니다.

1-2 N은/는 N이/가 아니다

■ 연습 1   170p

1. 이것은 한국어 책이 아닙니다.
2. 이 운동은 태권도가 아닙니다.
3. 여기는 스포츠센터가 아닙니다.
4. 이 커피는 아메리카노가 아닙니다.
5. 토마토는 과일이 아닙니까?
6. 김치는 일본 음식이 아닙니다.
7. 지금은 방학이 아닙니다.
8. 오늘 식당 메뉴는 불고기가 아닙니까?
9. 어제는 휴일이 아니었습니까?
10. 저는 20살이 아닙니다.

연습 2 170p

– 저는 한국 사람이 아닙니다. 중국 사람입니다. 그리고 저는 회사원이 아닙니다. 학생입니다. 저는 30살이 아닙니다. 28살입니다. 제 취미가 요리가 아닙니다. 운동입니다. 저는 재미있는 사람이 아니지만 운동을 잘해서 친구가 많습니다.

1-3 【____+N】은/는 【____+N】이다 171

01. 이 노래는 '사랑해'입니다.
　　요즘 내가 좋아하는 노래는 '사랑해 '입니다.
　　지금 듣는 노래는 가수 유나의 노래입니다.

02. 이 영화는 '사랑'입니다.
　　내가 좋아하는 영화는 재미있는 영화입니다.
　　내 동생이 보는 영화는 무서운 영화입니다.

03. 이 음식은 불고기입니다.
　　동생이 좋아하는 음식은 불고기입니다.
　　친구가 잘 만드는 음식은 불고기입니다.
　　요즘 자주 먹는 음식은 그 식당의 불고기입니다.

1-4 N은/는 N이 【-고,-지만,-아/어서】 S + A/V 172p

01. 오늘은 휴일이고 내일은 월요일입니다.
　　여기는 학생식당이고 저기는 카페입니다.
　　저는 1급 반이고 친구는 2급 반입니다.

02. 고향은 부산이지만 서울에 살고 있습니다.
　　이것은 매운 음식이지만 먹을 수 있습니다.
　　어제는 토요일이었지만 회사에 갔습니다.

03. 오늘은 주말이어서 학교에 가지 않습니다.
　　저는 학생이어서 열심히 공부합니다.
　　지금은 겨울이어서 스키를 탈 수 있습니다.

1-5 N은/는 N이/가 아니【-고,-지만,-아/어서】 S+A/V 173p

01. 여기는 도서관이 아니고 박물관입니다.
　　제 친구는 학생이 아니고 회사원입니다.
　　저는 한국 사람이 아니고 중국 사람입니다.

02. 그 사람은 선생님이 아니지만 잘 가르칩니다.
　　이 신발은 운동화가 아니지만 편합니다.
　　그 친구는 가수가 아니지만 노래를 잘합니다.

03. 지금은 방학이 아니어서 학교에 가야 합니다.

오늘은 휴일이 아니어서 문을 열었습니다.
저는 학생이 아니어서 들어갈 수 없습니다.

2. N이/가 있다[없다]

2-1 N이/가 있다/없다

■ 연습 1 176p

1. 매일 숙제가 있습니다/있어요.
2. 토요일에 점심 약속이 없습니다.
3. 동생이 두 명 있습니다.
4. 연필과 지우개가 있습니까?
5. 내일 바쁜 일이 없습니까?
6. 신문과 잡지가 있습니까?
7. 자주 듣는 노래가 있습니다.
8. 자주 마시는 차가 있습니다.
9. 좋아하는 영화배우가 있습니까?
10. 표가 한 장 있습니다.

■ 연습 2 176p

– 안녕하세요? 반갑습니다. 선생님께 질문이 있습니다. 선생님, 좋아하는 노래가 있습니까? 왜 그 노래를 좋아합니까? 그리고 좋아하는 음식이 있습니까? 그 음식을 자주 먹습니까? 외국 친구가 많이 있습니까? 지금 배우는 외국어가 있습니까?

2-2 N은/는 N이/가 있다/없다

■ 연습 1 178p

1. 우리는 내일 수업이 없습니다/없어요.
2. 저는 높은 구두가 없습니다.
3. 저는 주스가 두 병 있습니다.
4. 제 동생은 자전거가 있습니다.
5. 저는 친한 친구가 있습니다.
6. 저는 지금 두꺼운 옷이 없습니다.
7. 한국 사람들은 정이 있습니다.
8. 저는 주말에 약속이 있습니다.
9. 우리나라는 바다가 없습니다.
10. 그 사람은 잘하는 요리가 없습니다.

■ 연습 2 178p

– 저는 한국 친구가 없습니다. 그래서 한국 친구를 사귀

고 싶습니다. 저는 요즘 한국어를 배웁니다. 월요일과 수요일에 한국어 수업이 있습니다. 우리는 재미있는 한국어 책이 있습니다. 저는 우리반에 좋아하는 친구가 있습니다. 그 친구는 한국 친구가 많이 있습니다.

2-3 N이/가 N에 있다/없다

■ 연습 1　　　　　　　　　　　　　　　180p

1. 우리 집은 시장 근처에 있습니다.
2. 예쁜 카페가 우리 집 앞에 있습니다.
3. 식당에 손님이 많이 있습니다.
4. 할머니 댁에 맛있는 음식이 있습니다.
5. 지갑 안에 돈이 없습니다.
6. 제 방에는 책상과 침대가 있습니다.
7. 백화점이 어디에 있습니까?
8. 식탁 위에 물이 한 잔 있습니다.
9. 우리 집에 개가 두 마리 있습니다.
10. 비빔밥에 고기가 없습니까?

■ 연습 2　　　　　　　　　　　　　　　180p

- 우리나라를 소개합니다. 우리나라에는 아름다운 산이 있습니다. 그리고 산 근처에는 큰 호수가 있습니다. 호수에는 물고기가 많이 있고 물도 깨끗합니다. 여름에는 이 호수를 구경하러 오는 사람들이 있습니다. 아름다운 산과 호수도 있고 친절한 사람들도 있어서 관광객들이 아주 좋아합니다.

2-4 【＿＿＿＿+N】이/가 있다/없다　　181p

01. 책이 있습니다.
　　 재미있는 책이 있습니다.
　　 도서관에 재미있는 책이 있습니다.
02. 음식이 없습니다.
　　 맛있는 음식이 없습니다.
　　 그 식당에 맛있는 음식이 없습니다.
03. 개가 있습니다.
　　 귀여운 개가 있습니다.
　　 우리 집에 귀여운 개가 있습니다.
04. 생략

2-5 N이/가 있【-고,-지만,-아/어서,-(으)면】 S+A/V　　182p

01. 책상 위에 책이 있고 그 옆에 가방이 있습니다.
　　 방 안에 침대가 있고 거실에 소파가 있습니다.
02. 집 근처에 식당이 있지만 자주 안 갑니다.
　　 돈이 있지만 차를 사지 않습니다.
03. 저녁에 시간이 있어서 친구를 만났습니다.
　　 오늘 약속이 있어서 시내에 갑니다.
04. 여자 친구가 있으면 데이트하고 싶습니다.
　　 수영장이 있으면 수영을 배우고 싶습니다.

2-6 N이/가 없【-고,-지만,-아/어서,-(으)면】 S+A/V　　183p

01. 우리 집에는 고양이가 없고 개가 있습니다.
　　 여기에는 백화점이 없고 시장이 있습니다.
02. 수업이 없지만 교실에서 공부합니다.
　　 요즘 시간이 없지만 운동을 하려고 합니다.
03. 친구가 없어서 심심합니다.
　　 컴퓨터가 없어서 일을 할 수 없습니다.
04. 지하철이 없으면 불편합니다.
　　 책이 없으면 도서관에서 빌려서 봅니다.

3. N이/가 A

3-1 N이/가 A

■ 연습 1　　　　　　　　　　　　　　　186p

1. 여름이 너무 덥습니다/더워요.
2. 고추가 아주 맵습니까?
3. 냉면이 시원합니다.
4. 교실이 깨끗합니다.
5. 가방이 무겁습니다.
6. 공항이 멉니다.
7. 아르바이트가 힘듭니까?
8. 날씨가 흐립니다.
9. 그 영화가 무섭습니다.
10. 목이 많이 아픕니다.

■ 연습 2　　　　　　　　　　　　　　　186p

- 어제 친구와 같이 백화점에 갔습니다. 코트를 샀습니다. 코트가 아주 비쌌습니다. 그렇지만 코트가 가볍고

따뜻합니다. 신발도 샀습니다. 신발이 아주 편합니다. 그리고 색깔이 예쁩니다.

3-2 N은/는 N이/가 A

■ 연습 1　　　　　　　　　　　　　　　　　188p

1. 저는 여름이 싫습니다/싫어요.
2. 정우 씨는 집이 멉니다.
3. 저는 요즘 목이 자주 아픕니다.
4. 부산은 날씨가 어떻습니까?
5. 지영 씨는 머리가 짧습니다.
6. 이 카페는 커피가 비쌉니다.
7. 한국은 인터넷이 빠릅니다.
8. 지민 씨는 키가 큽니다.
9. 그 식당은 음식이 맵습니다.
10. 그 가게는 직원들이 친절합니다.

■ 연습 2　　　　　　　　　　　　　　　　　188p

– 저는 한국이 좋습니다. 한국은 김치가 맛있습니다. 조금 맵지만 맛있습니다. 그리고 한국은 드라마가 재미있습니다. 한국 드라마는 이야기가 재미있고 배우들이 예쁩니다. 그런데 저는 한국어가 어렵습니다. 한국어는 문법이 좀 복잡해서 열심히 공부해야 합니다.

3-3 N에 N이/가 많다/적다

■ 연습 1　　　　　　　　　　　　　　　　　190p

1. 기숙사에 외국 학생이 많습니다/많아요.
2. 백화점에 쇼핑하는 사람이 많습니다.
3. PC방에 게임하는 사람이 많습니다.
4. 서점에 재미있는 책이 많습니다.
5. 공원에 산책하는 사람이 많습니다.
6. 강에 물고기가 적습니다.
7. 교실에 공부하는 학생이 적습니다.
8. 인터넷에 싼 물건이 많습니다.
9. 비빔밥에 채소가 적습니다.
10. 빵집에 맛있는 케이크가 많습니다.

■ 연습 2　　　　　　　　　　　　　　　　　190p

– 우리 고향을 소개합니다. 우리 고향에는 맛있는 과일이 많습니다. 그리고 산이 많습니다. 산에 나무가 많습니다. 봄에 산에 가면 예쁜 꽃도 많습니다. 그런데 우리 고향에는 학교가 적습니다. 학교에 다니는 아이들도 적습니다. 우리 고향에는 할머니, 할아버지들이 많습니다.

3-4 【＿＿＿+N】이/가 많다/적다　　　191p

01. 도서관에 학생들이 아주 많습니다.
　　 도서관에 책을 읽는 학생들이 아주 많습니다.
02. 시장에 사람이 적습니다.
　　 시장에 물건을 사는 사람이 적습니다.
03. 외국 사람들이 (많습니다)
　　 한국어를 배우는 외국 사람들이 많습니다.
　　 우리 학교에 한국어를 잘하는 외국 사람들이 많습니다.
04. 생략

3-5 【＿＿＿+N】이/가 좋다/싫다　　　192p

01. 내 이야기를 잘 들어주는 친구가 좋습니다.
　　 게임을 너무 많이 하는 친구가 싫습니다.
02. 요리를 잘하는 남자(여자)가 좋습니다.
　　 말을 너무 많이 하는 남자(여자)가 싫습니다.
03. 한국어를 잘 가르치는 선생님이 좋습니다.
　　 숙제를 너무 많이 내는 선생님이 싫습니다.
04. 생략

3-6 N이/가 A【-고,-지만,-아/어서,-(으)면】　　S+A/V　　193p

01. 이 옷이 따뜻하고 편합니다.
　　 우리 학교 도서관이 크고 아름답습니다.
02. 날씨가 추웠지만 친구들과 등산을 했습니다.
　　 책이 어렵지만 읽을 수 있습니다.
03. 드라마가 재미있어서 사람들이 많이 봅니다.
　　 그 차가 너무 비싸서 살 수 없습니다.
04. 머리가 아프면 쉬어야 합니다.
　　 키가 크면 농구를 잘할 수 있습니다.

4. N은/는 V

4-1 N은/는/이/가 V

■ 연습 1　　　　　　　　　　　　　　　　　196p

1. 수업이 빨리 끝났습니다/끝났어요.

2. 누나가 거실에서 쉬고 있습니다.

3. 요즘 어떻게 지냅니까?

4. 아이들이 집 밖에서 놉니다.

5. 제 친구가 서점에서 아르바이트합니다.

6. 저는 기숙사에 삽니다.

7. 오늘 아침에 늦게 일어났습니다.

8. 지수 씨가 회의에 늦었습니다.

9. 민호 씨는 스포츠센터에서 운동합니다.

10. 할아버지는 천천히 걷습니다.

■ 연습 2   196p

– 저는 오늘 아침 7시에 일어났습니다. 일어나서 아침을 먹고 학교에 갔습니다. 학교에서 공부했습니다. 수업이 끝나고 휴게실에서 쉬었습니다. 그리고 카페에서 친구와 이야기했습니다. 오후에 집에 와서 숙제했습니다. 저녁을 먹고 TV를 봤습니다. 그리고 피곤해서 일찍 잤습니다.

4-2 N은/는/이/가 N에 가다/오다/다니다

■ 연습 1   198p

1. 저는 대학교에 다닙니다/다녀요.

2. 아버지는 회사에 다닙니다.

3. 친구는 겨울에 스키장에 갑니다.

4. 방학에 고향에 갈 겁니다.

5. 가게에 손님이 많이 왔습니다.

6. 버스가 기차역 앞에 옵니다.

7. 그 학생은 중학교에 다닙니다.

8. 아픈 사람이 병원에 갑니다.

9. 배고픈 사람이 식당에 갑니다.

10. 쇼핑하는 사람이 백화점에 갑니다.

■ 연습 2   198p

– 저는 등산을 좋아합니다. 그래서 봄에 친구들과 같이 산에 갑니다. 그리고 여름에는 바다에 갑니다. 바다에서 수영합니다. 가을에는 강에 갑니다. 강에서 낚시합니다. 그리고 겨울에는 스키장에 갑니다. 스키장에서 스키를 탑니다.

4-3 N은/는/이/가 【____+N】에 가다/오다/다니다
                                             199p

01. 수진 씨는 커피가 맛있는 카페에 갑니다.
    수진 씨는 공원 옆에 있는 카페에 갑니다.

02. 저는 유명한 요리사가 있는 식당에 갑니다.
    저는 학생들이 자주 가는 식당에 갑니다.

03. 민수 씨는 직원들이 친절한 백화점에 갑니다.
    민수 씨는 집에서 가까운 백화점에 갑니다.

04. 생략

4-4 N은/는/이/가 V【-고,-지만,-아/어서, -(으)면】S + A/V
                                             200p

01. 저는 1시에 수업이 끝나고 친구는 2시에 끝납니다.
    저는 도서관에 가고 친구는 교실에 갑니다.

02. 동생은 일찍 자지만 저는 늦게 잡니다.
    학생들은 쉬지만 선생님은 쉬지 않습니다.

03. 친구는 아르바이트해서 늦게 집에 갑니다.
    저는 오늘 운동해서 피곤합니다.

04. 시험이 끝나면 친구를 만날 겁니다.
    버스가 도착하면 사람들이 내립니다.

5. N은/는 N을/를 V

5-1 N은/는/이/가 N을/를 V

■ 연습 1   204p

1. 저는 카페에서 커피를 마십니다/마셔요.

2. 주말에 친구와 테니스를 칩니다.

3. 공원에서 사진을 찍습니다.

4. 버스정류장에서 버스를 탑니다.

5. 식당 밖에서 담배를 피웁니다.

6. 그 친구는 요리를 잘합니다.

7. 저는 학교에서 친구를 사귀었습니다.

8. 미나 씨는 학교에서 한국어 공부를 합니다.

9. 일요일에 집에서 낮잠을 잡니다.

10. 매일 사무실에서 전화를 받습니다.

■ 연습 2   204p

– 저는 주말에 그 여자를 만났습니다. 그 여자가 좋아하는 식당에서 맛있는 음식을 먹었습니다. 밥을 먹고 카페에서 커피를 마셨습니다. 그리고 극장에서 영화를 봤습니다. 영화가 끝나고 저는 꽃을 사서 그 여자에게 줬습니다. 그 여자는 꽃을 받고 웃었습니다. 저는 기분이 아주 좋았습니다.

5-2 N은/는/이/가 N에게/께 N을/를 V

■ 연습 1   206p

1. 친구가 저에게 이메일을 보냈습니다.
2. 기자가 사람들에게 뉴스를 말합니다.
3. 저는 매일 여자 친구에게 전화를 합니다.
4. 직원이 손님에게 물건을 팝니다.
5. 그 사람이 저에게 나이를 물었습니다.
6. 아이가 어머니께 편지를 썼습니다.
7. 남자가 여자 친구에게 꽃을 줍니다.
8. 저는 친구에게 자전거를 빌렸습니다.
9. 제인 씨는 아이들에게 영어를 가르칩니다.
10. 학생들이 선생님께 인사를 합니다.

■ 연습 2   206p

– 내일은 친구 생일입니다. 저는 친구에게 편지를 썼습니
   다. 내일 친구에게 줄 겁니다. 그리고 친구에게 선물도
   줄 겁니다. 친구는 제가 준비한 선물을 좋아할 겁니다.
   저는 친구에게 "생일을 축하해요."라고 말할 겁니다.
   그리고 친구와 맛있는 음식을 먹을 겁니다.

5-3 은/는/이/가 【＿＿＿+N】을/를 V   207p

01. 저는 재미있고 쉬운 책을 읽었습니다.
    저는 도서관에 있는 책을 읽었습니다.

02. 제 동생은 싸고 편한 옷을 삽니다.
    미나 씨는 백화점에서 파는 옷을 삽니다.

03. 저는 예쁘고 귀여운 친구를 사귀고 싶습니다.
    저는 운동을 잘하는 친구를 사귀고 싶습니다.

04. 생략

5-4 N을/를 V【-고,-지만,-아/어서,-(으)면】
    S+A/V   208p

01. 우리는 책을 읽고 그림을 그렸습니다.
    그 친구는 한복을 입고 사진을 찍었습니다.

02. 수진 씨는 그 사람을 모르지만 인사했습니다.
    그 사람은 한국어를 배웠지만 잘 못 합니다.

03. 어제 잠을 못 자서 피곤합니다.
    그 사람은 운동을 잘해서 친구들이 좋아합니다.

04. 저는 사람들을 도와주면 기분이 좋습니다.
    손을 자주 씻으면 감기에 잘 안 걸립니다.

※ 자유롭게 쓸 수 있는 연습문제의 경우 답지의 예시 답안
   을 확인해 보고 나서 자신이 쓴 내용과 비교해 보시기 바
   랍니다.

초급 **1**

외국인을 위한 **한국어
문장 쓰기의 모든 것**

초판 1쇄 인쇄 2021년 2월 18일
초판 4쇄 발행 2024년 8월 29일

지 은 이 박미경
펴 낸 이 박찬익
편 집 장 한병순

펴 낸 곳 (주)박이정출판사
주   소 경기도 하남시 조정대로45 미사센텀비즈 8층 F827호
전   화 (031)792-1195
팩   스 (02)928-4683
홈페이지 www.pijbook.com
이 메 일 pijbook@naver.com
등   록 2014년 8월 22일 제2020-000029호

I S B N 979-11-5848-604-4 03710

＊책값은 뒤표지에 있습니다.